DE LA

DIVISION DES POUVOIRS.

De l'Imprimerie de **PLASSAN**, rue de Vaugirard, n. 15,

DE LA
DIVISION DES POUVOIRS

EXÉCUTIF ET LÉGISLATIF,

DANS LA MONARCHIE:

Qu'elle n'est point la garantie du peuple.
Qu'elle l'affaiblit considérablement.
Qu'un conseil national, borné au droit de discussion,
en porte le développement à son plus haut période.

Par J. A. F. MASSABIAU,
sous-bibliothécaire.

Vincet amor patriæ.
VIRG. Æn. L. 6.

A PARIS,

Se trouve chez l'auteur, à la Bibliothéque de Sainte-
Geneviève, chez le portier du collége d'Henri IV,
Et chez Delaunay, libraire au Palais-Royal.

1817.

ERRATA.

Page 11. beinfaisant, *lisez* bienfaisant.
Page 15. la marque, d'une ignorance, *lisez* la marque d'une ignorance.

AVIS.

On trouve également chez l'auteur, le *Discours sur le Rapport des diverses formes du Gouvernement, avec les progrès de la civilisation,* un vol. in-8° broché. Prix 3 fr.

AVANT-PROPOS.

A la vue du titre seul de cet ouvrage, mille voix vont s'élever contre l'auteur : c'est un *avocat du despotisme* ; c'est un *ennemi des idées libérales*.

Il l'a prévu ; mais ce n'était pas une raison suffisante, pour l'empêcher de dire ce qu'il croit utile et vrai. Il sait d'ailleurs, que si on lui donne d'abord ces qualifications odieuses, ensuite, après avoir lu, on rougira de se les être permises.

Qu'est-ce que *les idées libérales ?* si nous interrogeons les partis, leurs réponses seront bien opposées. Aux yeux d'un républicain, ce seront les idées républicaines ; aux yeux du monar-

1

chi te, ce sera la doctrine des monarchies.

Ni les monarchistes, ni les républi-
cains, ne seront même d'accord entre
eux. La chambre de Bonaparte trouvait
la charte de Louis XVIII peu libérale ;
plutôt, la république elle-même, avec
un président, ne l'eût pas été assez à
son gré. Des amis de la charte, les uns
pensent qu'elle laisse trop d'influence
au monarque, d'autres craignent qu'elle
ne lui en laisse pas assez. Et de tant d'o-
pinions, opposées ou divergentes, il
n'en est pas une qui ne se croie la seule
libérale, ou du moins plus libérale que
les autres.

Il est bien à craindre que les intérêts
particuliers, que ces matières touchent
de si près, ne soient pas étrangers à ces
dissidences. On n'est guère disposé à

trouver un système libéral, lorsqu'on n'y est rien, ou que peu de chose. Lorsque, au contraire, de la situation où il nous met, nous voyons sortir, crédit, emplois, avantages de toute espèce, il est bien mal-aisé de se défendre d'une prédilection secrète qui nous aveugle, et nous le fait trouver fort libéral.

Quoi qu'il en soit, pour qui veut mériter ce noble titre, c'est-à-dire, penser en homme libre, dégagé de tout sentiment servile et intéressé, en véritable ami des hommes enfin, il est des guides bien plus infaillibles que la voix trompeuse des partis.

C'est la justice, c'est la raison. La justice, qui veut impérieusement que tout intérêt particulier, quelconque, cède à l'intérêt général; la raison, qui, en écartant les méprises, nous apprend à

éleverl'édifice social, non sur des fondemens imaginaires et ruineux, mais
sur des fondemens réels et solides. C'est
en les suivant, et en ne suivant qu'elles,
qu'on est assuré d'être libéral, et de
l'être avec fruit pour les peuples.

Il faut donc être libéral, oui, il le
faut, et par conséquent arracher, d'une
main courageuse, ce masque imposant
aux fausses doctrines qui s'en parent.

On accusera peut-être aussi l'auteur
d'être ennemi de la charte : on aurait
tort. Ceci n'est qu'une opinion qu'il ex-
pose : il examine la théorie de la division des pouvoirs, et dit ce qu'il en
pense : voilà tout.

Comment serait-il l'ennemi de la
charte, lui qui y trouve une raison de
plus d'aimer le Roi, qui nous l'a don-
née? ce bon prince s'est empressé de

se conformer à l'opinion; et par cette conduite, pleine de condescendance, il a véritablement prouvé qu'il voulait régner en père.

Loin d'être l'ennemi de la charte, l'auteur vote pour son maintien, parce qu'il y voit une partie des avantages qu'une autre combinaison offre à sa pensée. Mais ses vœux pour le bonheur de la France sont plus ardens encore; et s'il arrivait que, sans convulsion et sans trouble, on substituât à la charte un mode d'existence plus favorable à la nation, il n'aurait garde de s'en plaindre : et, en vérité, il faudrait être de bien mauvaise humeur pour s'en fâcher.

Du reste, il ne demande pour ses opinions aucune indulgence. Il remerciera, de bon cœur, celui qui lui prou-

verait qu'elles sont fausses; et il se ré-
tractera, à l'instant même, parce qu'il
tient moins à son amour propre qu'à
la vérité. Il réclame seulement de n'ê-
tre pas exclu de la charité universelle,
et d'être traité avec les ménagemens et
les égards, qu'on se doit réciproque-
ment, et auxquels il ne manquera jamais le premier envers les autres.

INTRODUCTION.

En 1805, l'auteur publia un discours *du Rapport des diverses formes du Gouvernement avec les progrès de la civilisation*, dans lequel, mettant à part le droit naturel de l'homme, de pourvoir à sa conservation et à son bien-être, par les moyens qu'il juge à propos, il se bornait à le considérer dans son exercice, et examinait ce qu'il devient nécessairement dans l'état de société. Or, cet examen le conduisait aux résultats suivans :

1° Que l'indépendance primitive de l'homme suit la raison inverse des progrès de la civilisation ; car, nos lumières croissent avec nos besoins, et ce sont nos besoins qui nous enchaînent. Joignant ensuite les faits aux raisonnemens, il montrait cette vérité gravée, en caractères éclatans, dans toutes les pages de l'histoire.

2° Que l'esprit d'indépendance, nécessaire à à sa conservation comme l'ame l'est à la vie, allait en s'affaiblissant, au milieu des progrès de la civilisation, par plusieurs causes ; mais surtout, parce que ces progrès adoucissant les mœurs, et perfectionnant les détails de l'organisation civile, affaiblissent d'autant la perspective des dangers de la dépendance, en même temps qu'ils multiplient, autour de nous, les causes qui nous en font une nécessité.

3° Et qu'à cet égard, au temps où nous sommes, les choses étaient arrivées à un tel point, qu'en admettant, que des circonstances d'exception, comme celles où se trouvent les Etats-Unis d'Amérique, ou des limites étroites de territoire, ou une situation insulaire et isolée, pussent encore favoriser un système d'indépendance nationale, le maintien en était devenu impossible, pour tous les états vastes, continentaux, serrés les uns contre les autres, et obligés, par cette position, de recourir à un système d'administration très-concentré, et à un grand déploiement de force militaire.

L'auteur ne se bornait pas à considérer ce torrent des destinées des peuples ; et observant encore, avec attention, l'état dont il les éloigne, et celui vers lequel il les entraîne, pour savoir s'il faut regretter le premier, et redouter le second, et si les progrès de la civilisation sont nuisibles ou utiles au genre humain, il trouvait :

1º Que la liberté politique, subordonnée à la force par la nature des choses, est toujours nulle pour l'individu, puisque, même dans les républiques les plus libres, il est dépendant de la majorité, qu'elle ait raison ou non, c'est-à-dire, en d'autres termes, l'esclave de ses caprices ;

2º Qu'elle est illusoire pour le peuple lui-même, par tout où la loi est faite par la simple majorité absolue : paradoxe, en apparence ; mais, en réalité, vérité de calcul, mathématiquement démontrée dans l'ouvrage ; et qui explique, comment il arrive que l'on soit généralement mécontent de l'ensemble des lois, quoique ceux qui s'en plaignent ayent donné leurs suffrages, les uns aux unes, et les autres aux autres. Or, tout état où la majorité peut se trouver, n'importe comment, soumise à des lois contraires à sa volonté, n'offre bien évidemment qu'une liberté politique illusoire.

3º Que les états populaires, même ceux qui sont tempérés par un corps aristocratique, ne présentent qu'une anarchie colorée, où les affaires sont menées par des factions, qui se culbutent et se proscrivent les unes les autres, au nom de la chose publique, toujours victime de leurs emportemens; et que la monarchie, organisée avec sagesse, est, de toutes les formes de gouvernement, celle qui renferme le plus de germes de vraie liberté, de bonheur, et d'amélioration sociale.

Arrivé à ce point, entre la monarchie absolue et la monarchie limitée; et considérant, que même au milieu des formes républicaines, avec des magistratures faibles, temporaires, dépendantes, la liberté politique avait néanmoins succombé, par l'altération des mœurs qui en sont l'ame, il se demandait, comment elle pourrait se soutenir dans la monarchie, qui enfante des mœurs opposées, et à côté d'un magistrat unique, permanent, et investi de toute la force publique: et il n'en trouvait absolument aucune autre garantie que la modération du monarque, plus probable, en effet, aujourd'hui que jamais; et sa prévoyance habile, qui lui ferait entrevoir un moyen avantageux de gouvernement, dans la facilité beaucoup plus grande de diriger l'opinion, par l'entremise de corps, dont il se flatterait de disposer toujours à son gré.

Frappé de cette pensée, il invitait tous les hommes qui s'occupent des questions politiques, ceux surtout qui, dégagés de préventions, s'embarrassent moins des formes de gouvernement en elles-mêmes, que de leurs résultats essentiels, il les invitait, dis-je, à réfléchir sérieusement, et à chercher s'il n'y aurait pas quelque système de monarchie plus solide et plus beinfaisant tout à la fois, que cette limitation de la prérogative, trop vantée peut-être, presque toujours illusoire, qui pouvait devenir dangereuse, et qui, destinée à servir de frein au monarque, n'avait pourtant que la modération du monarque pour garantie.

S'abstenant alors de prononcer sur cette question, il insinuait toutefois qu'un conseil national, borné au droit de discussion, acquerrait, par cela même, une puissance d'opinion beaucoup plus grande, que s'il était membre du législateur; que son existence en serait mieux assurée; qu'il serait plus à l'abri de la corruption; et qu'on y trouverait, par conséquent, une plus solide garantie d'un gouvernement sage et populaire. Et c'est ainsi qu'il achevait le développement de la doctrine répandue dans tout l'ouvrage : *que la force est l'arme de l'homme barbare, et la raison l'instrument de l'homme civilisé; que la civilisation, en détruisant les appuis de la liberté politique, ne détruit pas ceux du bonheur public; et que les gouvernemens y peuvent devenir plus sages, quoique, en même temps, ils y deviennent plus absolus.*

Mais il écrivait dans un temps, malheureusement peu propre à ce genre de discussion. D'un côté, l'on était encore trop imbu des idées républicaines; de l'autre, un homme ambitieux s'était emparé de l'autorité, qui consentirait bien à une vaine comédie d'indépendance, à la faveur de laquelle il exécuterait plus à son aise *ses grands desseins*, mais jamais à un système, quel qu'il fût, qui pourrait lui susciter des obstacles. Aussi, la voix de l'auteur, semblable à celle qui crie dans le désert, ne fut-elle point entendue. Aucune dis-

cussion ne s'éleva ; et l'appel, fait aux amis de
l'humanité, demeura sans réponse.

Heureux d'être arrivé à des temps meilleurs,
où la presse est libre, et le monarque ami de la
liberté, il redescend de nouveau dans l'arène.
Quelle crainte pusillanime pourrait arrêter
les champions, lorsqu'en combattant l'auteur,
ils pourront se flatter, en quelque sorte, de
combattre pour la charte elle-même, et pour
le prince qui l'a établie? C'est pour eux, au
contraire, et contre lui, que tous les avantages
du poste se réunissent : et c'est lui qui devrait
redouter l'issue du combat, si rien, dans un
cœur généreux, pouvait balancer l'amour de
la patrie.

Observations importantes.

I.

Le lecteur est averti que, lorsqu'il sera
question des rois, il ne faut pas confondre ce
qu'ils furent jadis, soit dans les âges de l'ignorance et de la barbarie, au milieu de la violence des mœurs générales ; soit, lorsque les
conspirations fréquentes d'un peuple indocile
et peu fait au joug, ou des vassaux insolens

et une noblesse séditieuse et rebelle, ou l'in-
constance orageuse d'un prétoire factieux, en
les environnant de périls continuels et terribles, les disposaient aux soupçons, à la défiance, à la cruauté : il faut se garder, dis-je,
de confondre ce qu'ils furent alors, avec ce
qu'ils sont, au milieu des lumières et des mœurs
douces de la civilisation, et dans l'état de sécurité où les met le concours de circonstances
tout opposées. De ce qu'ils purent être, dans la
première de ces situations, on ne doit pas conclure pour ce qu'ils peuvent être dans la seconde. Ce serait raisonner aussi mal, que si
l'on prétendait inférer le retour possible de
l'usage d'immoler des hommes, de ce que nos
aïeux, les Druides, l'auraient autrefois prati-
qué ; ou des emportemens d'un homme en fu-
reur, sa manière habituelle de se conduire.

I I.

La seconde observation a pour objet l'imperfection et l'instabilité de toutes les choses
humaines, à laquelle il n'y a point de remède,
et que le lecteur ne doit jamais perdre de vue.

Comme on ne saurait, ni tout prévoir, ni

tout empêcher, il n'y a nul moyen de garantir
à la société, ni qu'aucune injustice ne sera jamais commise, ni qu'elle ne sera jamais im-
punie. Et de même qu'il est des tremblemens
de terre capables d'engloutir les édifices même,
que la main de l'industrie et celle du temps
avaient le mieux cimentés; il y a aussi des
crises politiques, auxquelles les meilleures
constitutions ne résistent pas. Que faire à
cela? rien autre chose que se soumettre à sa
condition : prétendre s'en affranchir, serait la
marque, d'une ignorance grossière, et d'une
présomption pleine de folie.

La prudence est ici l'unique ressource de
notre faiblesse. Exclus du certain, nous nous
renfermons dans le probable : nous multiplions
les précautions; et si nous ne pouvons pas
échapper entièrement à la fortune, nous di-
minuons du moins la prise qu'elle a sur
nous.

Ainsi, dans l'examen d'un système politique, la question n'est jamais, pour un homme
de bon sens, si les abus y sont impossibles,
mais s'ils sont plus ou moins difficiles; ni s'il

est inébranlable, mais s'il est plus ou moins susceptible d'être ébranlé. Ce n'est, enfin, qu'une balance de probabilités ; et ce sera aussi là l'esprit continuel du raisonnement dans cet ouvrage.

DE LA

DIVISION DES POUVOIRS.

CHAPITRE PREMIER.

Nécessité d'un conseil national élu par le peuple.

PREMIER ÉTAT DE LA QUESTION.

Un conseil, élu par la nation, est une institution indispensable dans les monarchies. Hors d'elle, on retombe dans le gouvernement des cours, qui est d'ordinaire celui de quelque favori, occupé d'élever sa propre grandeur et de satisfaire ses passions, aux dépens de son maître qu'il trompe, et des peuples qu'il compte pour rien. Nous en avons fait trop long-temps la triste expérience. Rois et sujets, tous doivent en être également fatigués.

Il se rencontre malheureusement des prin-

ces inappliqués, et qui aiment à se dé-
charger sur un ministre du poids des affaires ;
d'ailleurs, tous n'ont pas la même capacité ;
et enfin, quels qu'ils soient, il leur est impossible de voir tout par eux-mêmes, et ils
sont obligés de s'en rapporter aux autres,
sur beaucoup de points. Or, comment ap-
prendront-ils ce qu'ils ignorent? Est-ce par
des particuliers, souvent intéressés à le leur
cacher, et dont la funeste adresse n'y réussit
que trop?

Ils ont beau apporter la plus grande attention au choix de leurs ministres. D'abord,
ils peuvent s'y tromper, et les suites de cette
erreur sont graves; ensuite, ces ministres
peuvent être trompés, à leur tour; peut-être
aussi succomberont-ils, victimes de quelque
cabale puissante.

Ce n'est donc que de la nation elle-même,
qu'un roi peut espérer d'apprendre toujours
la vérité. Et ce n'est qu'en se mettant en
communication, l'un avec l'autre, par un
conseil qu'elle aura choisi, que le prince et
la nation peuvent échapper aux dangers,
auxquels les intérêts et les passions des particuliers les exposent, l'un comme l'autre.

L'un des plus grands maux qu'ait pro-

duit le gouvernement des cours, est cette
manie déplorable, qui s'est emparée de la
plupart des publicistes, de distinguer toujours l'intérêt des peuples de celui des rois,
comme si c'étaient-là deux ennemis naturels
et irréconciliables. C'est qu'on attribuait aux
rois les fautes de ce gouvernement, comme
s'ils en eussent été la véritable cause : en
quoi il y avait, en effet, une apparence de
raison très-plausible, puisque étant revêtus
de la puissance souveraine, les rois deviennent responsables de l'usage auquel on la
fait servir. Mais, en examinant la chose de
plus près, on trouve, que la véritable cause
des fautes de ce gouvernement, est dans l'influence de l'intérêt particulier, ennemi cons-
tant de l'intérêt général : dans les passions
des ministres, des courtisans; dans les erreurs de tous, et des rois eux-mêmes; et
dans la faute radicale, principe de toutes les
autres, de ne s'être pas entouré des lumières
et du patriotisme d'un conseil élu par la
nation.

Quant à penser, qu'il y ait de l'opposition
entre l'intérêt des rois et celui des peuples,
c'est une erreur, née, comme on vient de le
voir, de la confusion des idées. Ces deux

intérêts, au contraire, n'en font qu'un ; et ce qui le prouve, c'est qu'ils sont obligés de se réfugier ensemble sous la protection de la même garantie.

Mais ce n'est pas la nécessité de ce conseil, que nos adversaires nous contestent. Son existence ne leur suffit pas, et ils veulent encore qu'il soit associé à la puissance législative.

Or, on entreprend de prouver, que cela n'est pas nécessaire, que cela est inutile, que cela est nuisible.

Nous voilà bien opposés, les uns aux autres ! Qu'est-ce donc qui pourra nous mettre d'accord ? et quel juge prendrons-nous, pour terminer cette querelle ? Celui-là même, que nos adversaires ont choisi : *l'intérêt des peuples, abstraction faite de tout autre intérêt.*

Voici, par conséquent, l'état de la question :

On demande,

Lequel des deux, d'un conseil membre du législateur, ou d'un conseil réduit au droit de discussion, assure davantage aux nations le bienfait d'un gouvernement sage et populaire ?

Et comme une question, bien posée, est déjà à moitié résolue, nous allons entrer d'abord dans quelques considérations sur la puissance du conseil, dont la nation doit retirer de si grands avantages, afin d'en bien connaître la nature, et d'en bien apprécier les effets.

———

CHAPITRE II.

Que la puissance du conseil national n'est, et ne peut être, qu'une puissance morale, ou d'opinion; que la garantie publique est tout entière dans cette puissance; et que la prérogative du membre du législateur n'y ajoute rien.

2ᵉ ET DERNIER ÉTAT DE LA QUESTION.

Dʀᴏɪᴛ et *pouvoir* se prennent souvent l'un pour l'autre; et cela pourrait causer quelque méprise. Le moyen de l'éviter, et de nous entendre, est de commencer par fixer le sens de ces mots.

Le *droit* est une faculté morale : il a sa source dans les loix. Le *pouvoir* est une faculté physique : il réside dans la force, et généralement dans les moyens d'agir. Le *droit* ne servirait de rien, sans le *pouvoir*; et c'est pour cela, que la société prête au faible son appui, afin qu'il ait toujours, avec le *droit,* le *pouvoir* de le mettre en exercice, et de le faire respecter.

Appliquons maintenant au conseil national ces notions aussi simples que claires.

Borné à la discussion des projets du gouvernement, il a le droit d'en prendre connaissance, et de les soumettre à un examen public et solennel; membre du législateur, il a de plus le privilége, que la loi ne puisse être faite sans le concours de sa volonté: voilà le *droit* du conseil.

Maintenant, quel est le *pouvoir,* qui lui assure que son *droit* sera respecté? Est-ce une force physique? mais il n'a ni troupes, ni trésors, à sa disposition. Dans ce sens il est donc faible. Il est même nécessaire qu'il le soit, et que le gouvernement seul soit fort; car la force appartient, exclusivement, à celui qui est chargé de l'exécution des loix, et de la sûreté intérieure et extérieure : sans quoi, il ne pourrait plus répondre de rien. Que si la puissance du conseil n'est point, et ne peut être, une puissance physique, reste que ce soit une puissance morale seulement.

Vainement dirait-on que la nation entière est prête, s'il le fallait, à se lever pour le défendre. Car, en supposant que la nation soit ainsi disposée, quelle peut en être la cause ? N'est-ce-pas , qu'elle est persuadée qu'il y va de tous ses intérêts ? et sans cette persuasion, sortirait-elle de son assiette ? Mais cette opinion dont on la suppose remplie, est une chose purement morale ; et puisque cette opinion est la seule arme, dont le conseil puisse se servir pour sa défense, il s'ensuit que le *pouvoir* du conseil est une puissance purement morale , une puissance d'opinion. Ce serait faire injure au lecteur, que de s'arrêter plus long-temps sur une chose aussi claire.

Or, il est de toute évidence, que si le conseil renferme quelque garantie, soit pour lui-même, soit pour la nation, elle est tout entière dans sa puissance : sans laquelle, ses plus superbes droits ne seraient que de superbes mots, incapables de défendre, ni lui, ni la nation.

Toutes les garanties de la nation, et toutes celles du conseil, sont donc renfermées, exclusivement, dans sa puissance morale, c'est-à-dire, dans la facilité plus ou moins grande

qu'il a, de disposer de l'opinion, et par elle,
de remuer les volontés , et de soulever la
force populaire.

La prérogative du membre du législateur
ne change absolument rien à cela. En supposant même qu'aucun intérêt, aucune passion, étrangers ou contraires au bien public,
n'en corrompissent jamais l'exercice, elle serait un très-grand bien , sans doute , tant
qu'elle existerait et serait respectée. Mais
si son existence était incertaine et précaire ;
si le conseil, qui en jouit aujourd'hui, pouvait en être dépouillé demain : il est clair
que la nation ne serait point garantie. Or,
la prérogative , n'étant qu'un *droit* et nul-
lement un *pouvoir*, ne saurait répondre elle-
même de sa durée. La seule chose qui puisse
en répondre, c'est la puissance morale du
conseil , ou , en d'autres termes, la puissance de l'opinion. C'est donc uniquement
sur cette puissance, que repose la garantie
du peuple.

Il y a plus, et lors même qu'elle se main-
tient, et qu'elle est respectée, la prérogative
du conseil n'est pas encore la véritable garantie. Voulons-nous nous en convaincre ?
Suivons-la dans son exercice.

Le gouvernement veut proposer une loi ; et il craint que le conseil ne s'y oppose. Que fait - il alors ? Il gagne les membres les plus influens, et la loi passe. Ou, s'il ne peut réussir par ce moyen, il dissout l'assemblée ; et bientôt d'autres élections, qu'il a su diriger, lui amènent une assemblée moins difficile, et qui s'accommode de son projet. Qu'a produit, en pareil cas, la prérogative ? Quel poids a-t-elle mis dans la balance ? et s'il en était toujours de même, en quoi différerait-elle de zéro ?

Si ce n'est pas là ce qui arrive toujours, c'est ce qui arrive le plus ordinairement ; et pourquoi ? Parce qu'il est très-rare, que les projets du gouvernement soient manifestement opposés au bien de l'État. S'ils s'en écartent, ce n'est, le plus souvent, que d'une assez petite quantité, pour que les peuples ne s'en aperçoivent pas, ou puissent être facilement abusés, ou n'y prennent qu'un intérêt très-faible. Or, dans tous ces cas, les avantages de la complaisance n'étant pas assez balancés, dans l'esprit des députés, par la crainte de l'opinion publique, il est à présumer, à prendre les hommes en général, et tels qu'ils sont, sauf quelques ex-

ceptions peu nombreuses, que le gouvernement fera d'eux ce qu'il voudra.

Tout ce qu'on peut dire, sans crainte de
se tromper, c'est que, si la loi proposée
heurtait trop les intérêts de la nation, et
qu'en la consentant, on pût se perdre dans
son estime, il est à peu près infaillible qu'elle
ne sera jamais consentie : parce qu'il ne se
rencontrera jamais une majorité, assez dé-
pourvue de patriotisme et de pudeur, pour
s'oublier à un tel point. Et voilà le cas, où
la corruption devenant impuissante, il pa-
raîtrait d'abord que la prérogative du conseil n'a pas une influence douteuse, et qu'elle
est réellement une garantie.

Mais elle ne l'est pas plus ici qu'ailleurs;
et ce n'est point du tout la cause, qui force
le gouvernement à rétrograder. En effet, puisqu'il a été capable de concevoir la pensée
d'une telle loi; puisque surtout la discussion, en l'éclairant, n'a pas suffi pour le ramener, et qu'il a fallu que le conseil fît
usage de sa prérogative, il tend manifestement à la tyrannie; et dès-lors, la prérogative du conseil n'est plus une considération qui le touche. S'il s'arrête devant elle,
c'est qu'il entrevoit au-delà le mécontente-

ment général, prêt à éclater, et qu'il n'ose en affronter la tempête : c'est que la loi qu'il proposait est injuste ; c'est que la nation la croit injuste ; c'est que les lumières, jaillies de la discussion, ont porté cette conviction dans tous les esprits, et répandu par tout l'alarme. Telle est la véritable cause qui le retient, et non un chimérique respect pour la prérogative du conseil, qui n'entra jamais dans son ame.

Si donc une mauvaise loi a été empêchée, n'en remerciez point cette prérogative, également illusoire, et quand elle est à vendre, et quand elle ne l'est pas. Remerciez plutôt la puissance d'une discussion solennelle, qui en éclairant la nation sur ses intérêts, l'a disposée à les défendre.

Remerciez encore un despote imbécille, et qui ne savait pas son métier. Plus habile, il se fût bien gardé de proposer d'abord cette loi tyrannique. Il se fût occupé, avant tout, de détruire par degrés les obstacles qui s'opposaient à sa volonté ; et qui peut dire jusqu'où il y aurait réussi? Ce qu'il y a de bien certain, c'est que la France avait, en vertu de la constitution de l'an huit, un sénat, un corps législatif et un tribunat, et

qu'aussitôt que le voulut un despote, sorti
d'un rang obscur, et qui n'était pas même
bien affermi; le tribunat disparut, le corps
législatif fut muet, et le sénat le premier des
esclaves.

La marche de Bonaparte, à cette époque,
est une excellente leçon pour nos libéraux.
Il avait très-bien vu ce qui constitue la garantie publique, lui qui bornait son despotisme à supprimer la publicité des discussions. S'il abolit le tribunat, c'est que les
discussions publiques une fois supprimées,
ce corps, qui n'avait pas d'autre fonction,
devenait tout-à-fait inutile. Mais il ne tou-
cha point au sénat, dont les délibérations
étaient secrètes ; et il se contenta d'enchaîner
la langue des législateurs. Quant à cette ma-
gnifique prérogative, à laquelle on met tant
d'importance, et qu'on dit élever les nations
au rang du souverain, il en fit si peu d'état,
qu'il ne craignit pas de conserver encore,
avec elle, l'usage de voter secrétement, qui
en assure le libre exercice. C'est qu'il savait,
à merveille, qu'il n'y trouverait jamais un
obstacle, mais, au contraire, un instrument
commode, pour faire servir à son ambition
insatiable les sueurs et le sang des Français.

La prérogative du conseil, membre du législateur, n'est donc pas une garantie : soit,
parce qu'elle en a besoin elle-même ; soit,
parce qu'elle est illusoire dans son exercice,
et que les discussions seules ont une influence réelle, en mettant en action la puissance de l'opinion publique, véritable et
seule garantie, à laquelle il faut toujours
en revenir.

Or, du moment que la puissance morale
du conseil, ou en d'autres termes, la puissance de l'opinion, est l'unique garantie des
peuples, il est évident, que c'est à fortifier
cette puissance, que tous les efforts de la
politique doivent être dirigés.

Toute autre direction serait une divaga-
tion folle. Ce n'est point par des stipulations,
qu'on peut contenir les hommes, c'est par
la force. S'il en était autrement, le frein social deviendrait inutile, et la raison suffirait
pour les gouverner. Donc, ne pouvant point,
dans la monarchie, opposer au gouvernement une force physique, il faut lui opposer
une force morale, contre laquelle il craigne
de se briser. Plus cette force morale sera
grande, plus le système politique sera par-
fait.

Ainsi, la question que nous nous étions d'abord proposée, savoir :

Lequel des deux, d'un conseil membre du législateur, ou d'un conseil réduit au droit de discuter, assure davantage aux nations le bienfait d'un gouvernement populaire,

Se réduit, en dernière analyse, à celle-ci :

Lequel de ces deux conseils jouit d'une puissance morale plus grande ?

CHAPITRE III.

*Qu'un conseil, réduit au droit de dis-
cussion, jouit d'une puissance morale
beaucoup plus grande, qu'un conseil
membre du législateur.*

———————

La puissance morale du conseil national a
deux moyens d'action, les discussions publiques, et la confiance qu'il peut inspirer.

Le premier moyen étant toujours à sa
disposition, soit qu'il participe ou non à
l'autorité législative, sa puissance morale
reste la même, à cet égard, dans les deux cas;
mais elle augmente considérablement, dans
le second, par l'accroissement de la confiance publique.

La division des pouvoirs crée, entre eux,
un esprit de rivalité et de défiance. Tandis
que le plus fort cherche à entreprendre sur
le plus faible, celui-ci continuellement en
garde, et trop préoccupé de sa défense, ne
songe pas toujours à régler sa marche sur le
véritable intérêt de l'État.

La nature des limites que la constitution leur a prescrites, favorise singulière-
ment cette mésintelligence. Elles sont ac-
compagnées d'une incertitude, que le législateur le plus habile ne saurait fixer entièrement. Entre les territoires respectifs,
il y a toujours un espace litigieux, que
chacun des pouvoirs s'attribue, et que chacun exagère. Cet inconvénient est dans la
chose même; et si d'heureuses conjonctures peuvent quelquefois le suspendre, et
produire une harmonie momentanée, il est
inévitable qu'il se développe à la fin, tant
que l'espèce humaine conservera son caractère.

De là naissent, dans le conseil membre
du législateur, un intérêt particulier, qui
n'est pas celui de la nation, et un esprit
de corps, qu'il ne faut pas confondre avec
le patriotisme.

Or, les peuples ne l'ignorent point. Et
il en résulte, que si, dans un cas particulier, ils viennent à soupçonner, dans l'opposition du conseil, cet intérêt qui lui est
propre, ils seront peu disposés à la partager : et le conseil aura perdu de sa puissance.

Otez-lui sa prérogative, et tout change
de face, à l'instant. En détruisant le germe
de la passion, qui eut pu le rendre sus-
pect, vous lui avez rendu la plénitude de
la confiance publique : et la nation ne peut
plus voir, avec indifférence, la lutte dans
laquelle il est engagé. Quel motif pourrait
le porter, en effet, à contrarier le prince,
que celui de la vérité, de la conscience,
du bien de l'État ?

Sa puissance morale est donc sans bornes, comme la confiance qu'il inspire. Et
si jamais il arrivait qu'il refusât au gouvernement le concours de son opinion, celui-ci aurait besoin alors, même avec une
bonne cause, de toutes les ressources de
l'éloquence et du raisonnement, pour triom-
pher de la prévention publique : tant on
aurait de répugnance à penser que le conseil est dans l'erreur, et qu'il a pu désapprouver, ou une loi juste, ou une mesure
nécessaire.

Et quoi de plus chimérique, en effet,
qu'une supposition pareille, dans un corps
dont tout garantit la sagesse, comme on
peut déjà le voir, et comme on le verra
mieux encore dans un instant ? Quant à la

divergence naturelle des esprits, seule cause
assignable d'un phénomène aussi singulier,
elle peut bien expliquer pourquoi un individu trouve mal, ce qu'un autre trouve bien;
mais elle ne fera jamais comprendre, comment la majorité du conseil, qui renferme
tant de lumières et tant d'esprits divers,
aurait pu tomber d'accord à désapprouver
un projet sage. Mais voici des considérations bien plus décisives.

Qu'est-ce qui égare, et trouble les assem-
blées délibérantes ? Qu'est-ce qui y suscite
les opinions nuisibles ou dangereuses, les
accusations injustes, les oppositions capricieuses ou intempestives ? Qu'est-ce qui
transforme quelquefois en une arène scan-
daleuse le temple auguste des loix ? De
toutes les causes qu'on peut en assigner, la
plus féconde et la plus puissante, sans contredit, est l'intérêt des factions, qui s'ef-
forcent constamment d'entraîner la législation, au gré de leurs vues secrètes, et à
qui la division des pouvoirs donne une sin-
gulière prise, en exigeant pour la loi le
concours de plusieurs volontés.

En effet il est dans le caractère de l'homme,
de s'attacher d'autant plus vivement à la

poursuite de l'objet de ses désirs, qu'il voit plus de probabilités, et qu'il conçoit plus d'espoir de l'atteindre. Donc, pour savoir où les factions doivent s'agiter davantage, si c'est dans un conseil membre du législateur, ou dans un conseil réduit au droit de discussion, il suffit d'examiner, lequel des deux leur offre le plus de chances favorables, et les moyens les plus efficaces de succès. Or, il est évident que c'est le membre du législateur.

Là, chaque vote que la faction acquiert, est un pas bien positif vers le but qu'elle se propose. Car ces votes seront mis dans la balance; et s'ils sont en nombre suffisant, ils la feront pencher. Si elle ne peut pas agir offensivement, parce qu'il suffit d'un des membres du législateur pour paralyser les autres, elle se retranchera dans un système d'opposition, qui est toujours funeste; et quand elle n'obtiendrait pas en entier ce qu'elle désire, elle en obtiendra souvent une partie, le gouvernement étant réduit, à la fin, à composer avec elle, pour ne pas rester sans moyens d'action.

Mais lorsque le conseil sera borné à discuter, et que sa volonté n'entrera plus dans la balance; lorsque de son opinion, si par impossible elle venait à être corrompue, le gouvernement, qu'elle ne lie point d'ailleurs, pourra faire un appel à l'opinion générale, et rendre ainsi celle du conseil tout-à-fait vaine : les factions iront-elles encore, pour acheter d'impuissans discours, s'épuiser, comme elles le faisaient auparavant, pour acheter, bien réellement, une partie de-la puissance politique? on ne peut pas même le supposer.

Ainsi, autant un conseil, membre du législateur, est ouvert à l'esprit de faction, autant y est fermé un conseil réduit à discuter: seconde cause, qui en assurant aux délibérations de ce dernier, calme, dignité, sagesse, lui répond de la vénération publique, et en ajoutant encore à sa puissance morale, en garantit en même temps l'emploi circonspect et modéré.

L'abus de la puissance du conseil n'est donc pas moins chimérique que sa faiblesse. Il ne ressemblera jamais à ces compagnies de privilégiés, qu'on nommait *Parlemens*, et dont les résistances, souvent injustes, donnèrent autrefois tant d'embarras à la monarchie. Il n'aura jamais, ni l'esprit de ce parlement de Paris, à qui, au lit de justice de 1788, le garde des sceaux reprochait, preuves en main, que *les rois avaient été obligés de déployer toute leur autorité, pour faire enregistrer la plupart des ordonnances les plus salutaires;* ni sa gigantesque et déplorable influence sur l'opinion, qu'il entraînait dans sa résistance, lors même qu'il s'opposait au bien : Premièrement, parce qu'une résistance injuste de sa part est impossible, comme on vient de le prouver; et ensuite, parce qu'il n'en est pas d'un peuple vivant sous des lois sages, comme d'un peuple aigri par de longs abus. Le mécontentement de celui-ci le rend aveugle et sourd. Soupirant sans cesse après un libérateur, il s'unit à toutes les résistances, sans en approfondir le motif; et il suffit qu'on résiste, pour être digne aussitôt de son admiration et de sa confiance. Mais un peuple sagement gouverné est dans des dispositions bien différentes; et quelle que soit d'abord sa prévention en faveur de l'opinion de ses mandataires, comme aucune haine, aucune défiance antérieure, ne l'a rendu sourd à la vérité, il est capable encore d'en entendre la voix, et d'être ramené par la conviction et l'évidence.

Ainsi, ce qui fait la sécurité des nations, est précisément aussi ce qui fait celle des monarques. Heureux concours! sur lequel nous reviendrons encore, et qui peut bien étonner des esprit prévenus, ou qui n'ont réfléchi que surperficiellement sur ces matières, mais qui est pour nous une nouvelle preuve que nous marchons dans la bonne voie.

Où sont, maintenant, les avantages de cette division de la puissance législative, dont on fait tant de bruit, en Europe, depuis plus d'un demi-siècle, et qu'on proclame avec tant d'emphase, comme le chef-d'œuvre de la politique moderne, et le palladium des nations? et à quoi se réduit, pour la garantie publique, la prérogative du membre du législateur, si par cela même qu'on l'en dépouille, on accroît à un tel point la seule puissance dont il jouisse, la seule qui lui donne quelque consistance, la seule qui le mette en état de résister à la tyrannie?

Vous demandez à quoi elle se réduit? le voici. Dans l'intérêt des peuples, à rien: on l'a vu au chapitre qui précède. Dans l'intérêt d'un député, c'est une tout autre affaire. Car il n'est point douteux qu'en la lui ôtant,

on ne le dépouille d'une riche marchandise,
que la concurrence des factions et du gouvernement, qui se la disputent, fait monter
à un prix très-haut. Mais quoiqu'on en puisse
dire dans un pays où ce trafic est commun,
ce n'est pas-là un si grand malheur pour les
nations, non plus que pour la morale publique.

CHAPITRE IV.

Qu'il est plus stable.

SUR cette supériorité de puissance morale, qu'on trouve dans un conseil réduit au droit de discussion, il s'en faut que nous ayons épuisé ce que nous avons à dire. Mais ce qui précéde suffit abondamment ; et au point où nous en sommes, la question est déjà résolue. Car, s'il est vrai, comme on l'a fait voir, qu'en réduisant le conseil national au droit de discussion, d'un côté, on ne lui ôte rien de ce qui constitue la garantie publique, et de l'autre, on augmente considérablement sa véritable et seule puissance, il n'y a plus à balancer, et la division des pouvoirs doit être abolie. Mais il ne faut laisser dans les esprits, pas même le plus léger scrupule.

La première inquiétude qui se présente, est celle-ci : à quoi tient ce conseil national, borné au droit de discussion? N'est-il pas à craindre que le gouvernement, qui

n'a plus besoin de lui pour faire les loix,
ne l'écarte comme une gêne inutile, qu'il
ne lui impose silence, qu'il ne lui défende
même de s'assembler ?

Vous demandez à quoi tient ce conseil ?
Répondez, vous-même : à quoi tient un conseil, associé à la puissance législative ? Quelle
est la garantie de son existence, et de l'exercice de ses droits ? la loi et les sermens,
allez-vous dire, sans doute ; l'intérêt public, et la force de l'opinion : car il est
impossible que vous disiez autre chose. Hé
bien, toutes ces garanties sont autant ou
beaucoup plus fortes pour le maintien d'un
conseil réduit au droit de discussion, que
pour celui d'un conseil membre du législateur.

Et d'abord, la loi et les sermens. Si
des institutions politiques sont stables, parce
qu'elles ont été établies par des loix, et
confirmées par des sermens, nul doute qu'un
conseil, tel qu'on le propose, ne le puisse
être aussi, puisqu'il peut également être
créé par la loi, faire partie intégrante de
la constitution de l'état, et être consacré
par les sermens les plus solennels. Mais il
serait risible, en vérité, d'être obligé de

dire à des hommes de bon sens, combien
une pareille garantie est fragile. Ignore-t-on
que les loix, même avec le sceau du serment, ne sont au fond que des traités, toujours susceptibles d'être éludés par la ruse,
et rompus par la violence? Ignore-t-on que
tout traité, entre le fort et le faible, est
toujours à la merci du premier? Ignore-t-on
enfin, que dans le cours ordinaire, c'est le
gouvernement qui est le fort, et le conseil
de la nation le faible? Laissons donc là de
grâce toutes ces chimères, et passons à la
garantie réelle du conseil, qui est toute
dans l'intérêt public, et dans la force de
l'opinion.

Loin de nous la pensée, que l'intérêt
public et l'opinion ne présentent aucune
garantie, pour le maintien d'un conseil
membre du législateur. Le peuple sait
que les rois sont sujets à l'erreur, comme
le reste des hommes; qu'ils ont, par conséquent, besoin d'un conseil; et que ce
conseil serait fort mal composé avec les
gens de cour, flatteurs de profession pour
la plupart. Il veut donc que ce conseil soit
tiré de son sein; et il sent très-bien l'intérêt qu'il a de le choisir lui-même. C'est par

cette considération qu'il s'intéresse au maintien du conseil national, et non par aucune autre. Car, de s'imaginer que ce soit par un sentiment de fierté républicaine, et pour conserver une part dans la souveraineté, ce serait une illusion ridicule, dans l'état présent de nos mœurs. On a pu se la faire, et l'auteur a eu le malheur de la partager avec bien d'autres; mais, après la rude expérience, qui a dû la dissiper sans retour, elle annoncerait une maladie d'esprit incurable. Les peuples d'aujourd'hui veulent justice, protection, tranquillité; et pourvu qu'ils obtiennent cela, ils se soucient fort peu du reste.

Mais, quel que soit l'attachement du peuple pour un conseil membre du législateur, il est loin d'égaler celui que lui inspirerait un conseil, réduit au droit de discussion. S'il est attaché au premier comme à son défenseur d'office, mais trop souvent distrait par son ambition personnelle, ou égaré par l'esprit de faction, il chérirait le second, comme un ami dévoué, dont il saurait qu'il remplit seul toutes les pensées, toutes les affections, et en qui il ne concevrait pas même la possibilité d'un autre objet qui les partage. Il épouserait ses vœux, ses soupçons, ses alarmes, avec d'autant plus de promptitude, qu'il serait plus assuré qu'il n'y a rien d'étranger pour lui dans la cause qui les excite. Il craindrait davantage de le perdre, précisément parce qu'il n'a point de prérogative ; parce qu'il ne peut que discuter, remontrer, supplier; parce qu'au-delà de ce dernier retranchement, il n'envisagerait plus qu'une affreuse servitude. Tel est l'homme : sa dernière ressource est celle à laquelle il tient le plus, celle dont il redoute le plus d'être dépouillé; et la tendresse d'une mère désolée pour le seul enfant qui lui reste, et que la mort ne lui ait pas ravi, semble s'accroître de toute celle qu'elle portait à ceux qui ne sont plus. Première supériorité de garantie, pour le maintien d'un conseil borné au droit de discussion : un attachement plus vif et plus inquiet de la part du peuple.

-- Seconde supériorité : l'invraisemblance, et la difficulté d'un attentat de la part du gouvernement, beaucoup plus grande.

Que de prétextes ne ménage pas à son ambition la prérogative du conseil, lorsqu'il participe à la puissance législative! Ne peut-il pas dire que l'esprit de faction l'égare ? qu'il se refuse à des lois nécessaires? qu'il le met hors d'état d'agir ? Que dis-je? des pré-textes! Est-il donc impossible que ce soient des réalités, et n'en a-t-on pas vu plus d'un exemple? Voilà donc le gouvernement ex-cité, peut-être même autorisé, à renverser la constitution!

Mais son ambition aura-t-elle cette res-source, avec un conseil qui ne fait que dis-cuter? alléguera-t-il qu'il arrête sa marche, quand il n'y a plus dans l'État d'autre volonté que celle du prince? Et une simple différence d'opinion, qui le laisse toujours maître d'agir, sera-t-elle capable de l'emporter hors de la modération, autant qu'une opposition de vo-lonté, qui le paralyse?

Il est vrai que les prétextes ne manquent jamais à la tyrannie; mais il l'est égale-ment, que plus ces prétextes sont dépourvus d'apparence, moins ils lui sont favorables, et plus elle trouve de difficulté dans ses en-treprises. Or, multiplier les embarras de la tyrannie, est tout ce que la prévoyance po-litique peut faire : au-delà, est la barrière éternelle de l'imperfection des choses humai-nes, que nul système ne saurait franchir.

On n'a donc point l'extravagance de prétendre, qu'un conseil, réduit au droit de
discussion, soit une institution indestructible : il n'y en a point de cette espèce. On dit
seulement qu'il y a plus à compter sur sa
durée, que sur celle du conseil membre du
législateur. Car il a pour garantie, aussi-bien
que ce dernier, les lois et les sermens, si c'en
est une; et il l'emporte de beaucoup sur lui
par les garanties morales : soit du côté du
peuple, dont tout tend à fortifier l'attachement, la confiance et le respect, tandis que,
dans le membre du législateur, plusieurs causes graves tendent à les affaiblir; soit du côté
du gouvernement, à qui, lorsqu'il veut le
bien, il n'offre qu'un auxiliaire utile, quelquefois nécessaire, jamais un contradicteur
embarrassant; et à qui, en cas de tyrannie,
il enlève tous les prétextes, que lui fournissait le conseil associé à l'autorité législative.

Nous terminerons ce chapitre par une
réflexion, qu'amènent naturellement, et ce
qu'on vient d'y voir, et ce qu'on a vu dans
celui qui précéde. Comment augmente-t-on
la puissance du conseil national? en lui ôtant
sa prérogative. Comment affermit-on son

existence? en lui ôtant sa prérogative. Mais, augmenter la puissance, et affermir l'existence du conseil, n'est-ce pas augmenter et affermir la garantie du peuple? et ôter au conseil sa prérogative, n'est-ce pas satisfaire l'ambition des rois? Il n'y a donc pas, entre l'intérêt des peuples et celui des rois, toute l'opposition qu'on se figure ; et ces deux intérêts, au contraire, se touchent de bien plus près qu'on ne le croit.

CHAPITRE V.

Qu'il a une part plus étendue aux affaires.

Voici de quelle manière Montesquieu définit les pouvoirs; c'est au chap. 6 du liv. XI *de l'Esprit des Lois.*

« Il y a dans chaque état, trois sortes de pouvoirs : la puissance législative, la puissance exécutive des choses qui dépendent du droit des gens, et la puissance exécutrice de celles qui dépendent du droit civil. Par la première, le prince ou le magistrat fait les lois pour un temps, ou pour toujours, et corrige ou abroge celles qui sont faites. Par la seconde, il fait la paix ou la guerre, envoye ou reçoit des ambassades, établit la sureté, prévient les invasions. Par la troisième, il punit les crimes, ou juge les différens des particuliers. On appellera cette dernière, la puissance de juger ; et l'autre, simplement la puissance exécutrice. »

Ce qui frappe d'abord dans cette énumé-

4

ration, et dans un chapitre consacré à la division des pouvoirs, c'est d'y voir une puissance chargée des choses qui dépendent du droit des gens, dont la considération n'entrera pour rien dans le raisonnement de l'auteur, et de n'y pas voir celle dont il parlera sans cesse, celle qui est chargée de l'exécution des lois, dont la puissance de juger est une partie, mais que la force des choses en a irrévocablement séparée, celle enfin qui mérite seule le nom d'exécutrice : car on ne comprend pas comment l'autre, qui n'exécute que ses propres conceptions, et ne reçoit d'ordres de personne, pourrait être appelée de ce nom.

L'arbitraire et l'inconséquence sont ici palpables ; mais n'en soyons pas surpris. Montesquieu a intitulé ce chapitre, *Constitution de l'Angleterre*. En écrivant, il avait cette constitution devant les yeux, la prenait pour modèle, et en érigeait successivement tous les articles en maximes générales de droit public. Or, en Angleterre, le roi est précisément la puissance exécutrice de Montesquieu. Borné aux choses qui dépendent du droit des gens, il n'est chef de la puissance exécutive que par fiction, et les ministres en ont toute la réalité. C'était bien le moyen

de faire l'éloge le plus flatteur de cette constitution ; mais ce n'est pas ainsi qu'on re-
monte aux principes des choses.

Il y a encore une autre omission considé-
rable dans l'énumération que Montesquieu
fait des pouvoirs. C'est celle de la puissance
administrative, qui le plus souvent n'est pas
exécutrice dans le sens propre de ce mot,
et qui néanmoins comprenant la police, le
commerce, les finances, et plusieurs autres
choses, a l'influence la plus grande sur la
tranquillité publique, la sureté intérieure,
et la prospérité de l'État.

On ne trouve pas plus ailleurs que dans
Montesquieu de définition rigoureuse, qui marque avec précision les limites des deux puissances exécutive et législative. Il serait même
impossible d'en donner une, parce que, comme
on l'a observé plus haut, on n'aperçoit point
entre ces choses de ligne claire de démar-
cation. Non-seulement il n'y a point d'ordre
tellement précis, qu'il ne laisse absolument
rien à l'arbitre de celui qui est chargé de son
exécution ; non-seulement il y a beaucoup
d'objets, sur lesquels la puissance exécutive
est plus à même de statuer sagement que la
législative, et qui, par conséquent, rentrent

dans son domaine exclusif; non-seulement
les matières de pure administration, et les
matières législatives, ne diffèrent souvent
entr'elles que par d'imperceptibles nuances:
mais encore, il se rencontre beaucoup d'oc-
casions, où l'importance, tantôt du secret,
tantôt de la célérité, tantôt de la certitude,
fait qu'un gouvernement est obligé de se décider par lui-même, et de ne pas s'exposer
au hasard du concours d'une autre volonté.
Il y a même quelquefois, entre les actes de
la puissance exécutive et ceux de la législative, une telle connexion, que les premiers
ne peuvent avoir lieu sans entraîner les derniers: ainsi, une guerre jugée nécessaire par
le gouvernement entraîne des levées d'hommes et de subsides. En un mot, la puissance
législative et la puissance exécutive sont
unies si étroitement l'une à l'autre, par leur
nature même, qu'on ne saurait les séparer
tout-à-fait sans déchirement, comme on ne
peut écorcher un membre, sans enlever quelques parties de la chair.

C'est ce qui a engagé des législateurs à
borner à un certain nombre de matières la
compétence du conseil associé à la puissance
législative; il y en a même qui ont pensé

qu'il n'était établi que pour consentir l'impôt; d'autres enfin ont cru devoir laisser cette compétence errer dans le vague des choses, et se sont reposé du résultat sur l'influence du gouvernement, et sur l'harmonie des deux puissances. Mais dans ce dernier cas, la compétence effective du conseil se trouve toujours restreinte, même sous le prince le plus modéré, par toutes les causes qu'on vient de déduire; et dans le cours ordinaire, par la répugnance naturelle du monarque, qui la borne autant qu'il peut, et qui ne s'y soumet qu'autant qu'il le faut, pour n'avoir pas l'air de la détruire.

Mais il n'en serait pas de même d'un conseil, qui réduit au droit de discussion, n'apporte aux projets du gouvernement, ni retards, ni entraves, et qui lui offre, d'un autre côté, l'appui de sa puissance morale, qui n'est jamais à dédaigner. Sans doute, l'acte constitutionnel qui le créerait ne manquerait pas de stipuler l'obligation de le consulter, et d'en faire mention au protocole. Mais eut-il gardé là-dessus le silence, l'intérêt seul du gouvernement, bien mieux que toutes ces conventions fragiles, répondrait suffisamment au peuple de son attention à s'y conformer.

On ne saurait plus gouverner aujourd'hui, sans le secours de l'opinion : il faut ou la convaincre, ou la séduire; et de tous les moyens d'agir sur elle, il n'en est point de plus puissant que l'intervention du conseil national, dont le silence d'ailleurs serait un signal d'alarme.

Ainsi, sans avoir une part formelle à la confection des lois, il y en aurait, par le fait, une aussi réelle et plus étendue, que s'il participait à la puissance législative : aussi réelle, parce qu'elle serait recherchée par le gouvernement, qui en ferait un point capital de sa politique; plus étendue, parce qu'elle ne serait plus circonscrite dans ces bornes, que le prince réclamait auparavant avec raison, pour conserver la liberté d'action nécessaire, mais qui seraient ici sans motif.

CHAPITRE VI.

Qu'il est plus incorruptible.

Mais, dira-t-on, si le gouvernement attache tant d'importance à l'opinion de ce conseil, il ne négligera rien pour se la concilier; et s'il le faut, il mettra tout en œuvre pour la corrompre. Or, ne semble-t-il pas qu'il soit plus facile d'acheter des opinions, que des votes? attendu qu'elles ne sont pas des actes positifs, comme ceux-ci; et que si une mauvaise loi a lieu, la faute en est uniquement, après tout, au gouvernement qui l'a faite. La nation n'en sera donc pas plus avancée: est-ce la peine de changer de système?

D'abord, il est faux qu'il soit plus facile, ni même autant, d'acheter les opinions de notre conseil, que les votes d'un corps législatif. Cela est, au contraire, d'une difficulté beaucoup plus grande; et l'on en verra la preuve dans un moment. Mais, en supposant cette facilité égale des deux côtés, aurait - on le droit d'en conclure l'indifférence du choix entre les deux systèmes? et une puissance morale plus grande dans le conseil national, une stabilité plus solide, l'accès fermé aux factions, sont-ce donc des choses de nulle importance, pour la garantie d'un gouvernement bienfaisant, d'une législation sage, d'un état tranquille et heureux?

Mais la cause que nous défendons ici n'a besoin d'aucune indulgence. Elle ne redoute aucune objection, parce qu'elle trouve dans chacune d'elles l'occasion d'un nouveau triomphe.

Remarquons d'abord que la corruption serait plus rare, par cette raison très-simple, qu'elle serait moins nécessaire : la volonté du conseil, ni même son opinion, n'étant plus requises pour la loi, mais une discussion seulement ; et de plus, la source de toutes les contradictions capricieuses ayant été tarie, par l'anéantissement des rivalités et de tout esprit de faction.

Mais ce n'est pas tout, et elle serait beaucoup plus difficile.

L'espoir qu'un député ne se laissera pas corrompre, se tire, ou de la voix de sa cons-

cience, ou de la crainte de l'opinion. Or c'est
sur un conseil réduit au droit de discussion,
que l'influence de ces deux agens doit évidemment être plus grande. La voix de la
conscience doit avoir sur lui plus d'empire,
et parce que son esprit est plus pur, et parce
qu'il est moins tenté par le gouvernement,
à qui son accession est devenue moins nécessaire. Il doit redouter davantage le juge-
ment de l'opinion, parce que le public est
plus attentif à sa conduite, et qu'il exige,
plus impérieusement que jamais, qu'il la règle sur l'intérêt de l'État.

C'est un phénomène tout-à-fait digne d'attention, que celui que nous offre ici le
monde politique. Du moment que leurs députés sont associés à la puissance législative,
et que la loi ne peut être faite sans leur con-
sentement, les peuples, comme s'ils n'avaient
plus rien à craindre, s'endorment dans la plus
profonde sécurité. Vainement l'expérience
leur démontre, comme en Angleterre, que le
pouvoir exécutif regagne, par son influence,
ce qu'il semblait avoir perdu par la division
constitutionnelle ; vainement une chambre
des communes n'offre autre chose à leurs
regards, que, d'un côté, une majorité auxi-

liaire constante du ministère, et de l'autre, un parti dit *de l'opposition*, qui ne s'oppose aux ministres, qu'en attendant un marché plus avantageux : ce n'est pour eux qu'un drame, qui occupe agréablement leurs loisirs. Un petit nombre crie à la corruption, il est vrai, et s'efforce de propager son indignation et ses alarmes ; mais il n'y réussit point. Rassurée par la constitution, la masse ne s'indigne, ni contre les corrompus, ni contre les corrupteurs ; et quand l'époque des élections arrive, elle se met elle-même à l'enchère, et vend ses suffrages à des candidats, qui courent aussitôt vendre les leurs.

C'est la division des pouvoirs qui engendre cette léthargie ; et c'est, par conséquent, en revenant à la monarchie illimitée qu'on la dissipe. Alors le peuple, qui voit renversée la prérogative du conseil, qu'il regardait comme une barrière insurmontable, se réveille, s'inquiète, et ne perd plus ses mandataires de vue. Les manéges de leur ambition et de leur cupidité, dont il se faisait auparavant un jeu, ne sont plus à ses yeux que des lâchetés, une trahison, dont il s'indigne ; et il les juge avec la plus grande sévérité.

On conçoit sans peine que des ames communes puissent braver l'opinion, au milieu de l'indifférence générale pour les fautes dont il s'agit. Le sentiment qu'elles devraient exciter demeure concentré dans un petit nombre d'hommes, dont le désintéressement et la noble indépendance font le caractère; et rarement, celui qui en est l'objet a-t-il occasion d'en souffrir. Mais, lorsque ce sentiment est devenu celui d'une nation entière, le mandataire infidèle qu'il poursuit ne peut plus échapper à ses traits; et toutes les faveurs du pouvoir, loin de l'en mettre à couvert, ne font que mettre dans un plus grand jour l'objet de l'indignation publique.

Or, combien y a-t-il d'hommes, qui puissent demeurer insensibles à la perspective d'un tel sort ? Et peut-on supposer que la majorité d'un corps , choisi par la nation dans ce qu'elle a de citoyens les plus distingués par leurs vertus, par leurs lumières et leurs talens, par l'indépendance de leur fortune; en vienne jamais à ce point de démence et d'avilissement, d'acheter quelques faveurs dont elle n'a pas besoin, au prix d'un opprobre certain et irréparable ?

On pourrait, au surplus, par des moyens très-faciles, augmenter encore l'influence de l'opinion sur la conduite des députés : comme, par exemple, en accordant au collége électoral de chaque département le droit d'une réélection, toutes les fois qu'elle serait réclamée par une portion déterminée de ce corps, suffisante pour faire présumer le vœu de sa majorité ; car on doit prévoir que l'influence des considérations particulières d'un côté, et l'indolence de l'autre, peuvent détourner un bon nombre d'électeurs de cette première démarche hostile. Par ce moyen, chaque mandataire se verrait dans une continuelle dépendance de ses commettans, et exposé, par la perte de leur confiance, à être exclu sans retour d'une assemblée, qui sera toujours, par la force des choses, la voie de la fortune et des honneurs.

Qu'on se représente maintenant un membre du conseil, ayant contracté par la pratique de toute sa vie antérieure l'habitude des sentimens qui honorent l'homme ; élevé par sa fortune au-dessus du besoin, qui dispose aux actions serviles et lâches ; placé entre la flétrissure de l'opinion qu'il ne saurait éviter, et les faveurs du prince, sans lesquelles il peut vivre au sein de l'aisance et de la considération ; entre la nation qu'on le sollicite à trahir, et qui attend sa détermination en juge inexorable, et le prince qu'il sert en lui résistant, et à qui il peut dire : « Ne vous offensez pas d'une opinion dont » je ne suis pas maître. C'est bien assez pour » moi d'avoir le courage de vous déplaire ; » je ne me sens pas celui de vous trahir. » Mon devoir de sujet fidèle est de vous dire » la vérité : j'y manquerais, si je pouvais » vous la taire. Ma résistance elle-même, s'il » faut lui donner ce nom, est une nouvelle » preuve de mon dévouement. Elle n'a rien » d'insoumis : je ne suis qu'un simple conseil- » ler, vous êtes le maître, prononcez; vous » me trouverez toujours dans le sentier de l'o- » béissance. Mais s'il faut que je vous voie » courir à des dangers que je redoute, et » dont mon zèle n'aura pu vous détourner, » souffrez, du moins, que dans un tel mal- » heur, ma conscience en paix m'offre un » asile. » Ah! quand la résistance est com- mandée par un intérêt aussi puissant, et que l'apologie en est si belle auprès de celui qui pourrait s'en offenser, peut-on craindre qu'elle manque jamais de fermeté, ni de courage?

Ainsi, un conseil national réduit au droit

de discussion, a l'avantage, sous tous les rap-
ports, sur le membre du législateur : il est
plus puissant et plus stable; il a plus de part
aux affaires, et il est plus incorruptible. Hé
quoi ! la garantie des peuples se trouverait
dans la destruction de ce qu'on avait regardé
jusqu'ici comme leur sauve-garde ! Comment
expliquer un tel phénomène, et quelle cause
aurait donc pu égarer à ce point les esprits?
C'est ce qu'on va voir tout à l'heure.

CHAPITRE VII.

Examen d'un endroit de l'Esprit des Lois. Qu'il n'est pas surprenant, que la garantie des peuples ne se trouve plus aujourd'hui dans la division des pouvoirs ; qu'on n'aurait pas dû l'y chercher, mais seulement dans la puissance de l'opinion. Cause de cette erreur générale.

———————

Nous voilà bien loin de la politique des Grecs et des Romains, aussi bien que des théories modernes, qui avaient été faites sur leur modèle. Ces théories, il est vrai, ont pour elles de grands noms ; mais de grands noms, quelque grands qu'ils soient, ne vaudront jamais de bonnes raisons. Nous ne sommes plus au temps, où *Aristote l'a dit* était un argument sans réplique. *Montesquieu l'a dit* n'en est pas un non plus. Honorons les grands hommes, rien de plus juste ; mais les adorer ! ce serait un peu trop ; et un siècle, qui se vante d'être celui de la philosophie, doit se garder soigneusement de ce ridicule.

Ceux qui n'ont pas lu l'*Esprit des lois* s'imaginent, sans doute, que Montesquieu y a traité la question à fond, et que la profondeur de ses vues, et la vigueur de sa dialectique n'y laissent rien à désirer : on va voir ce qui en est. Tout ce qu'il dit sur la nécessité de diviser les pouvoirs dont il s'agit, est renfermé dans un petit nombre de lignes, qui suivent immédiatement ce que nous avons cité plus haut, et que nous allons extraire en entier.

« La liberté politique dans un citoyen, est cette tranquillité d'esprit qui provient de l'opinion que chacun a de sa sureté ; et pour qu'on ait cette liberté, il faut que le gouvernement soit tel, qu'un citoyen ne puisse jamais craindre un autre citoyen.

» Lorsque, dans la même personne, ou dans le même corps de magistrature, la puissance législative est réunie à la puissance exécutrice, il n'y a point de liberté; parce qu'on peut craindre que le même monarque, ou le même sénat, ne fasse des lois tyranniques, pour les exécuter tyranniquement. »

Laissons ce qui regarde le sénat, et qui est très-vrai, et bornons-nous à notre objet.

Montesquieu confond l'opinion que l'on a de sa liberté, avec cette liberté elle-même. Il y a bien, en cela, un fond de vérité : nos biens et nos maux tiennent moins, en effet, de la réalité que de l'imagination ; et celui qui se croit heureux ou malheureux, l'est réellement par cela seul, n'eût-il d'ailleurs aucun sujet de le penser. Mais cette manière d'envisager les objets convient mieux à la morale qu'à la politique.

Il est très-utile, certainement, que le citoyen jouisse de cette tranquillité d'esprit, qui provient de l'opinion qu'il a de sa sureté : cela est utile, dis-je, et à lui-même et à l'État. Mais si cette sécurité était trompeuse, elle ne serait pas même un bien passager, puisqu'elle renfermerait un piége funeste.

Or, que la division des pouvoirs engendre une grande sécurité dans les peuples, on ne saurait en disconvenir, et on l'a reconnu au chapitre sixième. Reste à savoir si cette sécurité est trompeuse, ou si elle ne l'est pas ; et ici, la question se divise, selon la diversité des circonstances politiques.

On croit généralement, par exemple, que

5

dans une situation isolée, comme celle de l'Angleterre, la division des pouvoirs ôte au prince la faculté de renverser la constitution. Cela peut être; quoique en Suède, qui est aussi un pays isolé, on ait vu, dans le siècle dernier, l'exemple du contraire. Mais si elle lui ôte la faculté de renverser la constitution, elle ne lui ôte pas celle de diriger à son gré la puissance législative, comme on le voit chez les Anglais.

Quant aux peuples continentaux, que leurs circonstances forcent à user d'un gouvernement très-vigoureux et d'un grand appareil militaire, il n'y a point, pour eux, de division des pouvoirs qui soit stable; et c'est pour eux, que la sécurité qu'elle produit est un piége des plus funestes. Car cette liberté mal conçue aboutit toujours au despotisme, qui ne laisse plus d'espoir, ni de remède, que dans le fléau des insurrections, qui elles-mêmes se terminent encore par le despotisme.

- Or, c'est pour la politique continentale, principalement, que cet ouvrage a été entrepris, comme on a pu le voir dans l'introduction. Mais il est temps de reprendre le fil de nos idées.

Nous voilà, encore un coup, bien loin de

la politique des anciens. Faut-il en être surpris? et ne serait-il pas étonnant, au contraire, qu'avec des mœurs et des situations
diamétralement opposées, nos systèmes d'organisation sociale eussent quelque ressem-
blance avec les leurs?

Dans des siècles reculés et voisins de l'état
sauvage; chez des peuplades pauvres, simples, et n'occupant qu'un territoire fort étroit;
parmi des hommes, dont aucun n'était assez
puissant pour se faire obéir des autres, dont
la fierté, par cette raison, était très-grande,
et que le sentiment seul d'un intérêt commun
pouvait faire concourir au même but : des
législateurs habiles, ne voyant pas d'autre
moyen de société, le prirent pour unique
fondement de l'édifice. Telle fut l'origine des
républiques, où *le peuple était souverain, et
le magistrat sujet.* Aussi, le faisceau social,
qui n'avait d'autre lien que le sentiment de
l'intérêt commun, était-il fréquemment rom-
pu, parce que ce sentiment n'agissait pas toujours, et que l'action de l'intérêt privé n'est
jamais que suspendue. Et delà, cet état de
trouble presque continuel, et ces révolutions
violentes et multipliées, que nous présente
l'histoire des républiques.

Mais, peu à peu, les États s'agrandirent ; et le sentiment de l'intérêt commun, déjà fort affaibli par d'autres causes, acheva de se perdre dans leur immensité. Il s'éleva des puissances nouvelles, que l'intérêt commun n'avait pas formées ; elles détruisirent tout ce qui restait d'états populaires ; et embrassant le faisceau social d'un bras plus vigoureux que jamais, ne lui permirent plus de se rompre, avec la même facilité qu'auparavant.

Les peuples perdirent alors leur indépendance. Cependant, ils commencèrent à jouir de plus de tranquillité ; et dans leurs occupations sédentaires, bornés aux soins de l'industrie domestique, perfectionnant les arts qui rendent la vie plus commode et plus douce, et s'habituant à sa soumission, ils n'eurent bientôt plus rien de cette fierté, de ce ressort, et de toutes les qualités mâles, qui avaient été le partage des anciens, et auxquelles leurs formes de gouvernement avaient dû leur maintien, comme leur naissance.

Les peuples modernes sont placés à l'extrémité de ce progrès. Séparés, par un intervalle immense, de l'existence politique des anciens, ils s'en éloignent encore chaque jour davantage. Dans les mœurs, dans les choses, tout gravite fortement vers une puissance unique et centrale, qu'une secousse extraordinaire peut bien détruire, mais qui tend rapidement à se reformer par le concours de toutes les circonstances, sans que l'indépendance nationale gagne rien à ces changemens.

L'ordre social n'a donc plus, et ne peut plus avoir pour base le sentiment de l'intérêt commun : il repose tout entier sur la puissance des monarques. Armés de toute la force publique, et n'ayant qu'un même intérêt avec la patrie, devenue désormais, en quelque sorte, leur patrimoine, ils s'identifient avec elle, et s'en attribuent toute l'autorité. Enfin, par le renversement le plus complet de l'ancien ordre, *c'est le magistrat qui est aujourd'hui le souverain, et ce sont les peuples qui sont les sujets.*

Or, dans un tel état de choses, est-ce en stipulant dans des chartes une indépendance anéantie, et qui n'a plus d'appui nulle part, que la politique des modernes aurait dû chercher la garantie des nations? Était-il sage, de prétendre mettre des bornes à l'ambition d'un monarque, qui peut tout, et qui, fût-il

faible aujourd'hui, sera demain assez fort
pour ne rien craindre ? et pour l'avantage
trompeur d'une limitation de son autorité,
essentiellement précaire et si facilement illusoire, fallait-il introduire les factions dans
le gouvernement, troubler l'État, donner de
l'embarras aux bons rois, et des prétextes si
commodes au despotisme?

Ne soyons donc plus étonnés de ce que le
raisonnement nous a découvert, que c'est
précisément dans un système tout opposé,
dans l'abolition de la division des pouvoirs,
et dans un conseil national borné au droit
de discussion, que se trouve la plus puissante
des garanties. Cela devait être en effet, par la
raison très-simple, que ce système est en
harmonie avec l'état présent des choses, et
que le système contraire n'est qu'un effort
impuissant pour le changer. Or, quand on
n'est pas le maître de changer sa position,
c'est dans cette position même, et non ailleurs, qu'il faut chercher ses ressources.
L'insensé s'efforce d'arrêter le torrent, et il
en est entraîné; le sage le laisse couler, il
se contente d'en diriger le cours, et de se
mettre à l'abri de sa violence. Magique pou-

voir des harmonies! ainsi le sexe le plus faible parvient à gouverner le plus fort, en ne
lui disputant jamais l'empire.

Ce qui a égaré la politique, on l'a dit en
commençant, c'est ce gouvernement capri-
cieux et vexatoire des cours, qu'on prenait
pour le gouvernement du prince, et dont on
lui imputait tous les excès. On s'était habitué
à regarder les rois comme des êtres malfai-
sans, ennemis naturels des peuples, dont on
ne saurait trop se garantir. De là, l'idée de
limiter leur prérogative; de là, les mots *despotisme*, *pouvoir illimité*, devenus aujour-
d'hui synonimes.

Gouvernement des cours! Fléau des roi s
et des peuples! Véritable boite de Pandore,
d'où tant de maux et d'erreurs funestes se sont
répandus sur les nations! Puissent les rois,
instruits par une cruelle expérience, le ban-
nir à jamais! Puissent les peuples, guéris
d'un injuste préjugé, rendre aux rois la confiance qu'ils méritent!

Le véritable ennemi de l'intérêt général
est, et sera toujours, l'intérêt particulier. Il
est la cause de tous nos maux : c'est lui, qui
sous le gouvernement des cours, opprima
les peuples et fit haïr les rois; c'est lui, qui

resserrant les ames , y étouffe le germe de
tout élan généreux ; c'est lui, qui fait com-
mettre tous les crimes qui désolent la société;
et c'est contre lui, que la société fut établie,
et que toutes les loix ont été faites. Il est
la principale cause de nos erreurs : c'est l'in-
téret de quelques factieux , que la soif du
pouvoir dévore, qui soutient les fausses maximes d'état; c'est l'intérêt des libertins, qui
soutient l'irréligion et l'athéisme; c'est l'intérêt des prêtres , qui soutient par tout les
superstitions. Parcourez, en un mot, toutes
les maladies les plus graves du corps social,
et vous n'en trouverez pas une seule , qui n'ait
pour première , ou pour principale cause,
l'influence de l'intérêt particulier.

C'est donc contre ce tyran éternel de l'espèce humaine , c'est contre cet essaim de
frélons , sans cesse guettant la république
pour la dévorer, que la politique doit chercher
des armes, bien plutôt que contre les rois,
qui ne font qu'un avec elle, qui n'ont de puissance, de bien-être, de gloire, que les siens,
et qui en la blessant se blessent eux-mêmes.

A Dieu ne plaise, qu'empruntant le lan-
gage de la flatterie, on veuille faire entendre
par là que les rois sont une espèce à part,

d'une nature privilégiée ! Hommes, ils sont
sujets à toutes les faiblesses de l'humanité.
Mais on ne saurait méconnaître non plus l'empire des situations, qui agit sur eux comme
sur tous les hommes. Or c'est la différence
des situations, qui fait qu'un particulier
trouve souvent son profit à nuire à l'État,
et que les rois n'y peuvent jamais trouver
que leur dommage. (1)

Intéressés à faire le bien, quand ils font
le mal, ils ne sont plus dans leur état naturel. C'est alors, ou qu'ils se trompent: et il
faut les éclairer; ou qu'on abuse de leur faiblesse : et il faut les soutenir. C'est donc
moins contre leur volonté, que les peuples
ont besoin d'être garantis, que contre leurs
erreurs et leurs faiblesses; et cette politique
est d'autant mieux entendue, qu'on trouve
encore dans les précautions uniquement di-
rigées, en apparence, contre leurs erreurs et
leurs faiblesses, l'unique préservatif efficace

(1) C'est encore la différence des situations, qui
fait qu'un roi, quoique juste envers ses sujets, peut
être injuste envers les autres peuples. Plus on y fait
attention, et plus on demeure convaincu que le bien
comme le mal, que les hommes font, est dû presque
tout à l'action de cette cause.

contre les écarts rares et peu vraisemblables de leur volonté.

On redoute en eux leur puissance; on dit qu'elle dispose à la tyrannie : autre erreur encore. C'est l'absence de la raison, ou des sentimens humains, qui dispose à la tyrannie. Un fou, un monstre, s'ils ont la puissance, s'en serviront pour agir en tyrans. Mais ce n'est pas la puissance qui les y aura disposés, c'est leur caractère : la puissance n'aura fait que leur en fournir les moyens.

C'est une loi de la nature, au contraire, que la puissance dispose à la bonté. La nature mit la pitié dans le cœur du fort, pour être la défense du faible. Sa voix douce et pénétrante attendrit les barbares eux-mêmes, à la vue d'un petit enfant; et c'est elle, qui guidant la philosophie, lorsqu'elle cherchait la raison de la bonté de l'être suprême, la lui montra dans sa puissance infinie.

La puissance des rois les rend fiers, à la bonne heure : ils ne peuvent souffrir que l'on ose leur résister. Mais cette fierté n'est un mal, qu'autant que la volonté est mauvaise; quand la volonté est droite et bonne, la fierté n'est qu'un bien de plus. Ce serait une calamité qu'on pût alors résister aux rois, ou

qu'ils fussent moins exigeans sur l'obéissance:
et la faiblesse , en eux , n'est guère moins
funeste que la tyrannie.

Quelle mine féconde de bien que le cœur
d'un roi, si par une institution sage, on eut
su en tirer toutes les richesses qu'elle contient ! Que de maux on eut épargnés à la
terre ! Hélas ! on n'y a jamais pensé ; on n'y
pense pas même encore ; et par le plus bizarre vertige, au lieu d'une méthode si facile
et si simple, que fait-on ? On humilie sa fierté !
On exige qu'il descende du rang, où l'a élevé
sa puissance ! On lui crée un intérêt à la
tyrannie , qu'il n'avait pas ! et l'on appelle
encore cela, de la politique !

Ce qui précède a suffisamment prouvé ,
combien elle est fausse, et combien on s'abuse
en cherchant les garanties nationales , ailleurs
que dans la puissance de l'opinion. Qu'y ga-
gne-t-on, en effet? Tous ces beaux systèmes
d'équilibre, si laborieusement travaillés, ne
créent aucune garantie nouvelle : ils se réduisent eux-mêmes, en dernière analyse, à
cette puissance de l'opinion, tant dédaignée ;
et la seule chose réelle qui en résulte, c'est
qu'au lieu de la fortifier, ils l'affaiblissent.
: Le mépris pour la garantie de l'opinion

vient de ce qu'on n'en connaît pas assez la nature, l'étendue et la destination. C'est pourquoi, il est à propos d'en dire quelques mots. On va voir si elle est si méprisable.

Lecteur sage, qui aimez, honorez votre roi, et qui vous confiez à sa bonté, pardonnez des détails pénibles, qui nous couteront autant qu'à vous ; et souffrez qu'on donne de la lumière à de pauvres maniaques, dont l'imagination déréglée se figure par tout des revenans, ou des assassins, qui les attendent.

CHAPITRE VIII.

Nature, étendue, et destination de la garantie de l'opinion.

———

NUMÉRIQUEMENT, les peuples sont plus puissans que les rois. Mais, dans le cours ordinaire, leur force est morte et sans action, par la désunion de ses élémens ; et la force du gouvernement, quoique bien inférieure, mais toujours unie, et agissant par son impulsion comme un seul homme, conserve une éminente supériorité, qui la met en état de briser facilement les résistances partielles. C'est cette supériorité, qui est la garantie de l'ordre public.

Mais si quelque intérêt, vivement senti, vient tout-à-coup à faire fermenter la population entière, les individus aigris s'unissent étroitement par le sentiment du mal commun ; des ambitieux, comme il n'en manque jamais, prompts à mettre à profit l'effervescence publique, s'en emparent pour la diriger : et alors, la force du peuple, repre-

nant sa supériorité naturelle, fait chanceler
celle des rois. Nous l'avons vu ; et l'expérience en est trop récente, pour pouvoir être
sortie de notre mémoire.

Plus nous avançons, et plus ces effets sont
faciles à reproduire. Car, plus nous avançons, plus le rapport de la législation et du
gouvernement avec l'intérêt des gouvernés,
devient sensible ; plus il y a de personnes
qui suivent la marche des affaires, et qui
sont ou se croient en état d'en juger ; plus
les peuples, en s'éclairant, exigent de leurs
gouvernemens, justice, modération, bienfaisance ; et plus leurs mœurs douces, moins
héroïques que celles du vieux temps, mais
aussi bien plus raisonnables, ont de peine
à s'accommoder de tout ce qui sent l'orgueil,
la violence, la tyrannie.

Or, rien n'est plus capable de persuader
à une nation que ses intérêts sont compro-
mis, que l'opinion d'un corps investi de la
plénitude de sa confiance, et dont il est
également impossible de révoquer en doute,
et les lumières, et le dévouement au souverain, et le patriotisme. L'opinion d'un tel
corps est donc comme un tocsin d'alarme,
qui retentit jusqu'aux extrémités de l'État,

et qui doit inspirer au gouvernement les plus
sérieuses inquiétudes.

L'opinion dont on parle ici n'est pas, comme
on le voit, une de celles qui n'ont pour
objet que des théories. Celles-ci sont sans
action, par elles-mêmes; et ce n'est pas dans
leur puissance, qu'il faudrait chercher une
garantie. Celle dont il s'agit, est une opinion qui se porte sur des réalités, et qui est
excitée par un intérêt présent et sensible.
Celle-là seule est capable de remuer les volontés, de créer une force réelle de résistance, et d'opposer ainsi une digue à l'extravagance et à la tyrannie.

Plus l'intérêt qui aura créé l'opinion sera
grand et vivement senti, plus aussi l'opinion
sera puissante. Dans des matières graves,
comme la liberté individuelle, la propriété,
les impôts, elle pourra être telle, que le
gouvernement, s'il osait la braver, s'expo-
serait aux dangers les plus terribles : ce qui
donne une assurance très-raisonnable qu'il
ne le fera pas.

Dans des matières d'une moindre importance, si l'opinion n'est pas de nature à mettre
le gouvernement en danger, elle fera toujours sur l'esprit de la nation des impres-

sions fâcheuses, qui la disposent à un mécontentement plus sérieux : raison suffisante,
pour que le gouvernement ne la dédaigne
pas encore.

Enfin, jamais sa puissance ne peut être
nulle : si elle n'est pas toujours de nature à
frapper le gouvernement de terreur, elle sera
capable du moins de le faire réfléchir, et
de le ramener à la modération, par la vue
de son intérêt.

Cette garantie morale suffit à la politique;
et toute prétention ultérieure serait insensée. Il n'y a que deux moyens de contenir
les hommes. L'un consiste à les lier : et celui-là, certes, est infaillible; mais alors, ils
ne peuvent plus agir, et la société ne tire
d'eux aucun profit. L'autre consiste à présenter à leur volonté des motifs suffisans,
pour balancer la passion qui les pousse; et
c'est de quoi il faut se contenter.

Or, la garantie de l'opinion peut être con-
sidérée, ou dans le cours ordinaire des choses,
ou dans le cas de tyrannie.

Dans le cours ordinaire des choses, elle
est pleinement rassurante, parce qu'elle est
moins destinée alors à contenir les rois, qu'à
les diriger et à les soutenir. Or, ils y trou-

veront toujours, et les lumières dont ils ont
besoin , et un moyen infaillible d'échapper
aux piéges qu'on leur tend, et un appui ferme,
pour résister à tous les assauts qui peuvent
être livrés à leur faiblesse. Et voila la véritable garantie , la seule dont les peuples
aient ordinairement besoin , et dont les rois
ne profitent pas moins que les peuples.

Dans le cas de tyrannie, comme ce mal
n'est pas une quantité fixe, et que sa violence varie suivant la trempe des caractères,
la garantie de l'opinion suffira encore le plus
souvent. D'ailleurs, il n'y en a point d'autre
dans la monarchie; et si la crainte du sou-
lèvement des peuples n'était pas capable d'arrêter le tyran, aucune combinaison politique
ne pourrait le faire. Que si l'on suppose le
cas extrême et rare, où le tyran serait doué
d'une ame forte, ardente, audacieuse, on ne
peut plus répondre de rien. L'unique moyen
d'échapper à un tel danger, serait de n'avoir
point de roi , et de vivre en république.
Mais il faudrait, pour cela, que les peuples
eussent l'option, et ils ne l'ont pas; et quand
ils l'auraient, ils feraient mal encore de se
décider pour la république par cette considération. Car ce serait, au lieu d'un ty-

ran éloigné et incertain, s'assurer autant de tyrans qu'il s'éleverait de factions, et, pour l'intérêt d'un jour, sacrifier les siècles. Ce serait ressembler à un homme, qui démolirait sa maison et se condamnerait à vivre en plein air, parce qu'un tremblement de terre peut la renverser, et l'ensevelir lui sous les décombres; ou à cet autre insensé, qui s'emprisonnerait dans la sienne, de peur qu'en passant dans la rue, la chute d'un vase ou d'une tuile ne lui cassât la tête, ou qu'une pierre lancée par quelque étourdi ne vînt le frapper à la tempe, et l'étendre roide sur le pavé. Celui qui prétend échapper à tous les maux, doit sortir de ce monde; s'il y reste, il finira par être le plus malheureux des hommes, juste récompense de sa folie.

Ne faut-il donc prendre aucune précaution contre ce cas extrême, dont on vient de parler? Je ne sais. Peut-être serait-il à propos que les princes de la famille régnante, réunis aux princes du sang et aux pairs du royaume, pussent alors déclarer la déchéance, et proclamer l'héritier présomptif de la couronne. Mais cela s'entend assez de soi-même; la nécessité le justifierait suffisamment; ni la nation opprimée, ni le conseil,

n'y mettraient certainement aucun obstacle;
et d'un autre côté, il est à craindre qu'en
faisant de cela une loi expresse, on ne fît
autre chose que désigner à la tyrannie les
premières victimes dont elle devrait s'assurer.

En résumé, la garantie de l'opinion est
la plus étendue et la plus efficace qu'on
puisse prétendre. Elle en est une pour les
bons rois, non moins que pour leurs sujets;
elle suffit pour retenir tous ceux qui ne sont
pas décidément pervers; quant aux autres,
elle leur présente les motifs seuls capables
de les arrêter ; et si ces motifs ne les ar-
rêtent pas tous sans exception, c'est un mal
inévitable, contre lequel on ne peut prendre conseil que de l'occasion , et dont on
ne doit accuser que l'imperfection de toutes
les choses humaines.

CHAPITRE IX.

Récapitulation.

Les trois propositions avancées au titre de l'ouvrage, sont maintenant prouvées, savoir:

1° Que la division des pouvoirs n'est point la garantie du peuple.

2° Qu'elle l'affaiblit considérablement.

3° Qu'un conseil national, borné au droit de discussion, en porte le développement à son plus haut période.

En effet, 1° la prérogative du conseil, membre du législateur, n'est, en réalité, qu'un simple droit, dont la corruption se joue, et que le despotisme méprise; car ce n'est jamais devant elle qu'il recule, mais uniquement devant la puissance de l'opinion, seule et véritable garantie des peuples.

Donc la division des pouvoirs n'est point la garantie du peuple.

2° La division des pouvoirs, en introduisant dans le conseil de la nation l'intérêt de corps, les factions, et le trafic des votes, corrompt la source de l'opinion; et en altérant, par toutes ces causes, la confiance, le respect, et l'attachement public pour le conseil, affaiblit beaucoup sa puissance morale.

La division des pouvoirs limite la compétence du conseil, et prive ainsi la nation du fruit de ses lumières et de son patriotisme, dans un grand nombre de cas.

La division des pouvoirs intéresse le chef de l'État à la destruction du conseil, et par l'humiliation que sa fierté en ressent, et par la gêne et les oppositions, quelquefois injustes, qu'il en éprouve.

Or, il est évident, que tout ce qui peut égarer l'opinion du conseil et affaiblir sa puissance morale, tout ce qui circonscrit son action, tout ce qui menace son existence, sont autant d'atteintes portées à la garantie de la nation.

Donc la division des pouvoirs affaiblit considérablement la garantie du peuple.

3° Un conseil national, borné à discuter, est inaccessible à la corruption, aux factions, à tout intérêt d'ambition personnelle; foyer toujours pur de lumière et de patriotisme, il inspire au peuple une confiance, un respect, et un attachement, que tout tend à fortifier : sa puissance morale est donc au comble.

L'objet de sa sollicitude n'a point de bornes; et rien de ce qui peut intéresser la nation ne lui est étranger.

Enfin il n'excite le prince, par aucun endroit, à désirer sa destruction, tandis qu'il l'intéresse, au contraire, à sa conservation, par les avantages qu'il lui présente.

Or, quand l'intérêt public dirige exclusivement l'opinion, et que la puissance morale du conseil est à son comble; quand sa sollicitude n'est exclue d'aucun des objets qui intéressent la nation ; quand son existence est assurée, à la fois, et du côté du peuple, et du côté du gouvernement : la garantie nationale est certainement parvenue au plus haut point qu'elle puisse atteindre.

Donc un conseil national, borné au droit de discussion, porte le développement de la garantie du peuple à son plus haut période.

Mais ce n'est pas tout, et il reste enfin à examiner, dans quel état laisse les peuples la ruine de chacune des deux institutions. Cette

dernière considération n'est pas la moins im-
portante. Celui qui risque toute sa fortune
dans une entreprise où il peut échouer, ne
passera jamais pour un homme sage ; et on
louera toujours la prudence de celui qui se
réserve une ressource en cas de revers.

CHAPITRE X.

Du naufrage politique. Que le membre du législateur s'y perd sans retour, et que le conseil réduit au droit de discussion surnage.

Tout périt, et les institutions les mieux combinées ne sont pas exemptes de cette loi. Le conseil national périra donc, soit qu'associé à la puissance législative, il fasse partie du souverain, soit que simple organe de l'opinion publique, il n'ait d'autorité que celle de la raison, à laquelle le souverain lui-même doit rendre hommage. Dans ces jours de deuil, où la liberté outragée a voilé son front auguste, comparons la situation d'un peuple dont le conseil était membre du législateur, et celle d'un peuple dont le conseil était réduit au droit de discussion.

Le tyran a passé, semblable à ces torrens dévastateurs mais éphémères, que l'orage forme en un instant, et qui disparaissent l'instant d'après engloutis dans le sein de la terre. Mais que de ruines, lugubres témoins de son passage ! et quelle main viendra les réparer?

Quand il s'agit de leur intérêt, ou de leur responsabilité, les hommes ne veulent dépendre de personne. S'ils sont sages , ils prennent volontiers conseil des autres; mais ils se réservent toujours le droit de ne se décider que par eux seuls. Or, loin d'être différens en cela du reste des hommes, les rois sont les plus absolus de tous, parce que la fierté croît comme la puissance.

Il n'y a donc guère d'espoir que le prince, successeur du tyran, rétablisse le membre du législateur. Il s'appliquera probablement à réparer beaucoup d'injustices commises sous le règne précédent; il allégera le poids des impôts; il choisira pour ministres des hommes qui aient l'estime et la confiance de la nation; il se montrera surveillant, juste, bienfaisant, sévère contre les abus de l'autorité. Mais, encore une fois, il ne se donnera point d'entraves; et la bonté de son gouvernement après la tyrannie précédente, en consolant et rassurant les peuples, qui ne voient

jamais que le moment présent, lui rendra
facile la persistance dans le pouvoir absolu.

Ses vertus même, quelque grandes qu'on
les suppose, ne répondent que de son ap-
plication à chercher la vérité, et de sa constance à préférer à tout l'intérêt du peuple.
Or, il verra clairement, et de plus il est disposé naturellement à le voir, que la prérogative du membre législateur, loin de lui
être en cela d'aucun secours, lui pourrait
devenir un obstacle. Donc, pour ce qui le
regarde personnellement, il ne la rétablira
pas.

Le fera-t-il du moins par prévoyance, et
par la considération que ses successeurs peuvent ne pas lui ressembler ? cela est très-
douteux encore. Car il sent mieux que personne, que les rois ont, en général, moins
besoin de frein que de lumières. S'il voit des
inconvéniens dans l'autorité absolue, il en
voit aussi dans l'autorité limitée ; et quand il
mettra les uns et les autres dans la balance,
il y a tout lieu de croire que les inconvéniens de l'autorité limitée lui paraîtront l'emporter sur les autres. Où est aujourd'hui
l'homme de bonne foi, quelles que soient ses
opinions, et quelles qu'aient été ses erreurs,

qui ne reconnaisse que Louis XVI eut pour
les Français le cœur d'un père, et que tout
sentiment de tyrannie et d'orgueil lui était in-
connu? Cependant Louis XVI voulait bien
éclairer l'usage de l'autorité, et en assurer la
rectitude, comme ses actes le prouvent in-
vinciblement; mais il n'en voulait aucun
partage, et jamais il ne l'approuva. Tout ce
qu'il fit, à cet égard, dans les derniers temps,
fut l'ouvrage de la contrainte.

Peut-être espère-t-on qu'il la rétablira,
pour condescendre au vœu de son peuple.
Oui, s'il n'est pas assez puissant pour s'y re-
fuser; mais s'il l'est, il pensera qu'un père sage
doit prendre pour règle de sa conduite l'intérêt de ses enfans, plutôt que leurs caprices,
et il ne la rétablira pas : du reste, ne mettant
aucune dureté dans son refus, mais une bonté
ferme seulement; et accordant, d'ailleurs,
tout ce que ses sujets pourront souhaiter de
précautions, pour leur assurer un gouvernement bienfaisant et juste. Or, dans une monarchie continentale, où il n'y a aucun équilibre entre la puissance des rois et celle des
peuples; après un règne tyrannique qui a tout
changé, tout corrompu, détruit tous les élémens d'une résistance; quand la tyrannie n'a

fini qu'avec le tyran, et que son successeur
est monté sur le trône, par son droit héré-
ditaire, paisiblement et sans révolution : on
ne peut pas supposer dans le prince cette
faiblesse relative, qui lui ferait du vœu public une sorte de nécessité.

Telle est donc, après la tyrannie, la situation d'un peuple dont le conseil était membre du législateur, que cette institution, une
fois renversée, l'est pour toujours et ne se
relève plus. Alors, l'insouciance du prince
moins occupé de ses affaires que de ses plai-
sirs , supposition la plus vraisemblable de
toutes, conspirant avec l'avidité des courtisans et des gens en place, qui trouvent si bien
leur compte à s'établir ses conseillers exclu-
sifs, laisse la nation en proie, des siècles en-
tiers, au gouvernement des cours : gouvernement aveugle et bizarre, qui marchant au
hasard, sans plan, sans suite, dans toutes les
directions diverses que la passion, le caprice,
et les intérêts particuliers lui impriment,
froisse, aigrit, aliène les sujets, transmet d'âge
en âge la défiance et la haine des rois, les
convertit enfin en habitude et en système,
jusqu'à ce qu'arrive le moment fatal, où le
mécontentement long-temps comprimé ve-

nant à rencontrer des conjonctures qui le
favorisent, éclate tout à coup comme la fou-
dre, et plonge l'État dans le chaos.

Quelle est différente la destinée d'un peuple, dont le conseil est réduit au droit de
discussion ! Ce n'est que momentanément que
la tyrannie l'en dépouille ; et il conserve un espoir légitime de son prochain rétablissement.
Ne trouvant point, en effet, dans le cœur du
prince, la même répugnance que le membre
du législateur, et secondé par les habitudes
nationales que la tyrannie n'a pas eu le temps
d'anéantir, ce conseil ne fait que plier, comme
le roseau, sous l'effort de la tempête, pour
se relever ensuite sous un ciel calme et
serein.

Privilége unique de cette institution sou-
ple et flexible ! elle est si bien en harmonie
avec la constitution monarchique, qu'elle
pourrait presque s'y introduire d'elle-même,
sans le secours d'aucune loi. Il n'existe pas
en Europe un seul État, où le conseil ne
soit permis, et même accueilli, quand il est
sage. Un simple particulier, une ville, une
province, peuvent adresser au souverain des
mémoires d'intérêt public ; et soit que ces
mémoires contiennent ou non des vues utiles,

soit que le gouvernement les prenne ou ne
les prenne pas en considération, ils ne sont
regardés nulle part comme une offense, mais
plutôt comme un témoignage de zèle pour
la patrie. Pourquoi la nation serait-elle trai-
tée, en cela, plus défavorablement qu'une
province, qu'une ville, qu'un simple particulier ? Et quand il est permis à une fraction
du peuple d'envoyer des députations au souverain, pourquoi l'interdirait-on au peuple
lui-même ? Pourquoi ses envoyés ne pour-
raient-ils se présenter avec confiance au pied
du trône, et tenir à peu près ce discours :

« Sire, le premier besoin de vos sujets est
» de vous aimer et de vous servir ; et leur
» continuelle occupation est de chercher à
» le satisfaire. Leurs biens et leurs vies vous
» sont déjà dévoués, par un serment invio-
» lable, qui repose dans tous les cœurs ; mais
» ce n'est pas encore assez pour ce peuple
» généreux et fidelle. Il ne veut rien avoir
» qui ne tourne au service de son prince ; et
» il met en ce moment à vos pieds le tribut
» de toutes les lumières qu'il renferme dans
» son sein. Sire, les conseils du peuple ne
» sont pas suspects : ils ne peuvent jamais
» être inspirés que par le zèle le plus pur

» pour le bien de l'État, qui est aussi le vô-
» tre. C'est pour pouvoir vous donner cons-
» tamment cette nouvelle preuve de son
» amour; c'est pour vous faire connaître,
» plus sûrement que par toute autre voie,
» ses besoins, ses vœux, et tout ce qui se
» passe dans le royaume, que Votre Majesté
» a tant besoin de savoir, et que trop sou-
» vent l'intérêt particulier lui déguise; c'est
» enfin pour rapprocher le père de ses en-
» fans, et les enfans de leur père, qu'il
» nous a chargés de résider auprès de votre
» auguste personne, dans la supposition et
» l'espérance qu'elle n'y refuserait pas son
» agrément. Nous n'apportons avec nous
» d'embarras d'aucune espèce : notre pré-
» sence ne sera, ni à charge au trésor de
» l'État, ni incommode à la marche des af-
» faires; et si la confiance dont nous sommes
» honorés nous donne quelque influence sur
» le peuple; elle sera toute employée à se-
» conder l'exécution des mesures, que votre
» sagesse aura conçues pour son bonheur. »

Or, si des députés, arrivés de toutes les
parties du royaume, adressaient au prince
un tel discours, quelle pourrait être sa ré-

ponse ? Rejetterait-il l'offre de ses sujets ? et dirait-il à leurs députés, par son refus:

« Vous me parlez de me rapprocher de
» mes enfans : je veux, au contraire, les te-
» nir éloignés de moi, et qu'il y ait toujours
» entre nous des courtisans, des ministres,
» des gouverneurs, des intendans, et une
» longue hiérarchie d'administrateurs grands
» et petits de toute espèce. Vous dites que
» l'intérêt particulier de ceux qui m'entou-
» rent peut me déguiser la vérité : c'est im-
» possible ; que je la saurai mieux par vous :
» je la sais, et n'ai nul besoin de l'appren-
» dre. Quant à votre influence, je n'en ai que
» faire : j'ai mes bayonnettes, c'est assez. »

Par la démence d'une pareille réponse, dont pas un mot ne fut dans le cœur d'un roi, quand il n'était pas un tyran, qu'on juge si elle est supposable.

Ainsi, lors même que l'institution dont on parle n'aurait jamais existé chez une nation, on en conçoit encore l'introduction possible, parce qu'elle ne dérange rien dans la monar-chie, et qu'à peine y serait-elle une nou-veauté. Que serait-ce donc, si elle y avait au-paravant pris racine, et si une longue expé-

rience l'avait rendue chère aux sujets, sans
la rendre odieuse ni importune au monarque.
Conçoit - on qu'il voulût encourir leur mécontentement, par le refus de relever une
institution, déjà nationale, qui coûterait si
peu à sa fierté, et qui pourrait lui être si
utile

En un mot, le membre du législateur une
fois mort ne revit plus, parce qu'il est hété-
rogène avec la monarchie ; tandis que le conseil réduit au droit de discussion, étant par-
faitement homogène avec elle, n'y périt jamais, à parler rigoureusement, et qu'après
sa dissolution par la tyrannie, il renaît de sa
propre substance, et réalise la fable du
Phénix.

CHAPITRE XI.

Suite du précédent ; que la civilisation, en établissant les peuples dans la dépendance, pose les vrais fondemens de leur liberté.

QUELLE garantie, que celle qui trompe la tyrannie elle-même, et survit à toutes ses fureurs ! et où l'avons-nous trouvée ? est-ce dans un systèmed'indépendance ? Ah ! ne nous plaignons plus des chaînes que la civilisation nous a forgées. Loin d'être celles de l'esclavage, ce sont, au contraire, celles de la liberté ; car la liberté a aussi ses chaînes, et l'homme a besoin de contrainte pour aller à ses vrais intérêts.

C'est une erreur très-grave, et qui est partagée par beaucoup de ceux-là même qui la condamnent, de confondre l'indépendance avec la liberté, et la dépendance avec l'esclavage. Celui qui est indépendant peut faire ce qu'il veut ; celui qui est libre ne le peut pas : il ne peut faire que ce qui ne nuit point aux autres. La liberté n'est donc pas l'indépendance, puisqu'elle la détruit.

Or, comment la liberté peut-elle détruire l'indépendance? par les lois, diront ici bien des gens. Mais les lois n'ont aucune force, si elles ne sont appuyées d'une puissance capable de les faire respecter; et cette puissance n'est capable de faire respecter les lois, qu'autant qu'elle est plus forte que les résistances qu'elle doit vaincre. La dépendance où l'on est de cette puissance fait donc toute la force des lois; et par conséquent, c'est la dépendance qui est le fondement de la liberté.

Patience, lecteur, toutes vos difficultés ont été prévues; mais chaque chose ne peut être dite qu'à son tour. En bonne logique, il faut poser d'abord des principes, dont on ne puisse contester l'évidence, et y rapporter ensuite la question. C'est à ces principes généraux que nous en sommes encore. Nous venons de voir qu'il n'y a pas de liberté, sans dépendance; continuons, et abordant un point plus délicat, cherchons quelle est cette puissance, dont il faut dépendre pour être libre.

Il y a une très-grande différence, entre la dépendance qui fait que l'homme est libre, et celle qui fait qu'il est esclave. Chacun étant porté naturellement à se préférer aux autres, la dépendance qui produit la liberté vient nécessairement d'une puissance étrangère; car il y aurait contradiction, si l'on disait que celui qui a besoin d'être retenu, le peut être par lui-même. Mais il n'en est pas de même de l'esclavage : la dépendance qui le produit vient presque toujours de l'esclave lui-même. Celui que la débauche entraîne à la ruine de sa santé et de sa fortune, n'est pas moins esclave que le nègre, qu'un maître barbare fait déchirer à coups de fouet; et quand on devient l'esclave des caprices d'autrui, c'est, le plus ordinairement, qu'on l'était déjà des siens propres. Que peut la tyrannie sur une ame libre, et qui commande à toutes ses passions? et par quel endroit pourrait-elle l'effrayer ou la séduire?

Or, l'indépendance, qui est l'absence de tout frein, amène naturellement l'homme à l'esclavage de lui-même, et par-là à l'esclavage civil. Tant il est faux que l'indépendance soit la liberté, et que la dépendance soit l'esclavage! Tout au contraire, dépendance et liberté, indépendance et servitude, sont autant d'idées corrélatives.

Ces principes sont incontestables, et tous les

bons esprits en demeureront d'accord. Mais
voici où les opinions se divisent. En admettant
ces principes pour l'individu, on prétend qu'ils
ne sont pas applicables aux peuples : comme
si ce qui est vrai de l'homme, cessait de l'être
d'une collection d'hommes; et comme si, en
se rassemblant, ils avaient changé de nature.

En vain Jean-Jacques se travaille, pour
prouver que le conflit des volontés particulières amène la volonté générale pour résultat, et que de même qu'en algèbre les *plus* et
les *moins* s'entredétruisent, les prétentions opposées et incompatibles se réduisent naturellement à l'équité. C'est le roman de la société,
ce n'en est pas l'histoire; et Jean-Jacques
lui-même est forcé de le reconnaître plus loin,
lorsqu'il dit expressément que *la volonté générale n'est point la volonté de tous, et moins
encore celle de la majorité.* Elle n'est donc
pas une volonté réelle, mais idéale; non un
fait, mais un principe seulement. Or, une volonté idéale, un principe, ne sont pas une
puissance, et ne seront jamais un frein , par
conséquent, ni pour les individus, ni pour
les peuples. C'est en théorie, c'est dans les
calculs abstraits de la raison, que la volonté
générale résulte du balancement des volontés

particulières. Dans le train réel des sociétés,
c'est presque toujours la volonté des partis
qui domine, et la volonté générale est foulée
aux pieds.

Rapportons-nous en à l'expérience. Plus
un peuple est indépendant, et plus il est mi-
sérable. Quelle indépendance est plus grande
que celle des tribus sauvages ? Or, voyez
quelle est leur condition : une anarchie com-
plète, état affreux, où l'on ne voit point de
peuple, mais une multitude confuse d'individus, tour à tour oppresseurs et opprimés :
telle est une mer en furie, quand tous les vents
déchaînés s'y font la guerre. La société ne
vient qu'à la suite de la dépendance, qui
marche à la suite de l'inégalité. Mais comme,
dans ces commencemens, l'inégalité et la
dépendance qu'elle produit sont très-faibles,
l'état social se sent encore de l'indépendance
primitive et de ses effets. Si la fougue populaire y est tempérée par un ordre de patri-
ciens, le peuple sans cesse aux prises avec
leur ambition, vainqueur tombe dans l'anarchie, vaincu dans la plus dure des servitudes.
Partage-t-il l'autorité avec un sénat, ou
n'a-t-il d'autre pouvoir que de nommer ceux
qui le représentent? il est esclave de leurs

factions, dont le sceptre violent est permanent pour lui, bien qu'éphémère pour chacune d'elles. Eh! plût à Dieu que la même
faction régnât toujours! moins exposée aux
vicissitudes, elle serait moins ombrageuse et
moins tyrannique; et il pourrait du moins
s'établir, avec le temps, un système fixe d'administration. Mais les factions se chassent et
se précipitent les unes les autres, comme les
vagues de l'océan; et ces changemens perpé-
tuels ne font que rendre le gouvernement
plus intolérable. Tels sont les fruits amers
de l'indépendance politique, qui n'est point, à
la vérité, l'indépendance du premier âge,
mais qui n'en diffère que du moins au plus,
joignant ainsi à une partie de l'anarchie
sauvage, les vices nés de la civilisation,
l'égoïsme, l'avarice, la lâcheté, la mauvaise
foi.

Mais l'inégalité fait encore de nouveaux
progrès, et amène enfin une dépendance plus
entière. Ce ne sont plus quelques familles
aristocratiques, exerçant leur supériorité dans
une sphère trop étroite pour pouvoir se faire
chefs d'une cité, et obligées, par leur faiblesse,
de se réunir à d'autres, pour constituer un
état républicain. Ce sont des familles colos-

sales, qui réduisent grands et petits sous leur
obéissance, et jettent les fondemens des monarchies. Cette révolution, il est vrai, n'at-
teint pas d'abord la perfection dont elle est
susceptible : plusieurs causes rendent la monarchie tyrannique, dans les premiers temps.
Mais elles disparaissent ensuite, peu à peu ;
et, chose très-remarquable, c'est précisément
à mesure que la monarchie s'affermit, et que
sa puissance, plus à l'abri des revers, est ac-
compagnée d'une sécurité plus grande. On
arrive enfin au point, où le monarque n'ayant
plus rien à craindre, et ne voyant autour de
lui que respect, obéissance et dévouement,
n'est excité par aucun endroit de sa position
qu'à l'amour de son peuple, et par conséquent à la justice et à la modération.

C'est alors, c'est lorsque la dépendance nationale est consommée, que ses avantages se
développent en foule : avantages immenses,
et inconnus à l'existence orageuse des peuples souverains, où la puissance des partis
se jouait des lois et des hommes. Maintenant
la paix et l'ordre sont assurés : les lois sont
toutes - puissantes comme le monarque ; le
faible y trouve sa sureté, et les têtes les plus
superbes sont forcées de plier sous leur joug :

c'est Hercule armé de sa massue, et les mons-
tres ont cessé de ravager la terre.

Admirons ici l'ordre de la providence, par
qui ce monde est gouverné avec une si haute
sagesse, dit Cicéron, que la nôtre en est con-
fondue. Elle sait que l'homme, encore que
doué de raison, n'est presque jamais raison-
nable; et c'est pour cela qu'elle lui met un
frein, dont l'utile contrainte l'attache à ses
vrais intérêts : elle fait naître l'enfant dans la
dépendance du père; elle se sert des progrès
naturels de la civilisation, pour amener les
nations, par degrés, à la dépendance des monarques; et comme c'est elle qui choisit nos
maîtres, elle nous donne les plus bienfaisans
de tous.

Et que les peuples n'aillent pas alors, par
une contradiction insensée, prétendre allier
les contraires, et être sujets et indépendans
tout à la fois. Cela n'est pas possible, et serait d'ailleurs un mauvais calcul. Cet ouvrage
leur démontre, d'un bout à l'autre, qu'ils
seront d'autant plus heureux que leur dépendance sera plus franche. Les avantages
dont on les flatte dans un autre état, sont
imaginaires; les seuls réels et solides sont
pour eux dans la soumission.

CHAPITRE XII ET DERNIER.

Aperçu général des résultats de ce système.

En terminant cet écrit, inspiré par l'amour des hommes, arrêtons un moment nos regards sur la perspective des résultats du système dont il contient l'exposition.

Que nous offre-t-elle d'abord?

Un corps politique, dont toutes les parties sont entr'elles dans la plus parfaite harmonie, et dont l'unité ne peut jamais être compromise : un seul commande, et tous obéissent; le conseil national discute, et répand la lumière; mais au prince seul appartient le droit de décider. En un mot, l'État est comme un seul corps, et une seule ame : d'où résulte le plus haut degré de vigueur, auquel, eu égard à ses circonstances particulières, il lui soit permis d'aspirer.

Que nous offre-t-il ensuite?

Un monarque dont rien n'altère plus la bonté, et à qui la plénitude de sa préroga-

tive ne laisse désormais d'autre objet d'ambition, que l'avantage de l'Etat et sa propre
gloire; que la triple union, de toute la force
exécutive, d'une autorité sans limites, et de
l'influence morale du conseil, rend tout-puissant pour faire le bien ; que la certitude d'é-
chapper à l'erreur, et l'opinion armée de
toute la force dont elle est susceptible, rendent moralement impuissant pour le mal; mis
enfin, par toutes les circonstances de sa position, dans l'heureuse nécessité de conquérir
l'approbation publique, et de gouverner par
la raison, plus encore que par l'autorité.

Qu'y voyons-nous encore?

D'un côté, une assemblée respectable, l'é-
lite de la nation, qu'aucun autre motif que
celui du bien ne peut jamais exciter à contrarier les projets du monarque ; qui placée
entre le dispensateur suprême des faveurs,
et la nation de qui son honheur et son
existence dépendent, ne peut trahir ni l'un
ni l'autre, et ne voit plus d'autre parti à
prendre, que celui de les concilier : garantie, par conséquent, et du peuple et du
trône; gage de justice, de concorde, de bonheur; et pour dernier trait enfin, exemple
imposant du vrai patriotisme, par le noble

et touchant accord de la franchise des républiques avec le dévouement respectueux des monarchies.

De l'autre, une nation d'autant plus soumise et plus attachée à son prince, qu'elle est plus convaincue de sa modération, et à qui, plus il est puissant, plus elle tient compte de sa bienfaisance; une nation libre, s'il en fut jamais, parce que d'être gouverné par la raison, et de n'obéir qu'à des lois justes, est, sans contredit, le comble de la liberté; et par une suite nécessaire, une nation aussi heureuse qu'elle puisse l'être, et s'attachant davantage, de jour en jour, à sa constitution, par l'épreuve continuelle des garanties qu'elle contient.

Qu'y voyons nous enfin?

La discorde s'enfuir, et la paix revenir habiter la terre : ceux que des opinions opposées avaient armés les uns contre les autres, l'ami sage de l'ordre qui croyait voir un principe d'anarchie dans tout démembrement de l'autorité, l'amant généreux de la liberté qu'effrayait dans l'autorité absolue le spectre du despotisme, rassurés l'un et l'autre par un système qui concilie tout, étouffer le souvenir douloureux de leurs di-

visions dans des embrassemens sincères ; tandis que l'intérêt des peuples, se mariant à
l'ambition des rois, enfante par tout l'harmonie, et conjure les sombres orages, qu'une
fermentation sourde faisait pressentir dans
le lointain.

Du monde politique, si nous passons au
monde moral, quel spectacle ravissant encore !

Dans les cours, la flatterie impuissante,
et les courtisans réduits, pour obtenir les
faveurs et la confiance du maître, à les mériter par des services réels, et par un dévouement patriotique ; les sentimens de justice, de désintéressement, d'amour du prince
et de la patrie, descendant des classes éle-
vées de la société, pour se répandre dans
toutes, et l'honneur véritable devenu l'esprit d'un peuple entier : la vertu s'asseyant
alors triomphante sur le trône de l'opinion,
et le vice fugitif, et couvert d'opprobre ; avec
des cœurs plus purs, les esprits désormais plus
sages, ne se laissant plus emporter, comme
la feuille légère, au vent des nouveautés,
enfans bizarres de nos caprices ; ne traitant
plus avec légéreté, n'accueillant plus avec

indifférence, ces vérités sublimes, sur lesquelles repose l'ordre moral; et ne souffrant
pas non plus que l'erreur les déshonore, et les
fasse déserter, par son adultère mélange; et
quoi encore ? l'aurore du bonheur luisant
enfin pour le monde, s'il est vrai que la
vertu, la sagesse, sont les véritables sources
du bonheur.

FIN.

TABLE

FIN DE LA TABLE.

LA SAINTE-ALLIANCE.

ODE.

L'Ode suivante fut imprimée, in-4°, dans les premiers jours du mois d'août dernier. Sept journalistes en reçurent aussitôt deux exemplaires chacun, avec invitation de l'annoncer dans leurs feuilles: pas un ne l'a fait.

L'ont-ils jugée indigne de cet honneur? c'est possible. Quand on songe pourtant jusqu'où ils poussent quelquefois l'indulgence, pour des productions auxquelles celle-ci pourrait être comparée, sans qu'elle eût sujet d'en être fière, on se persuade difficilement que la faiblesse de la composition littéraire soit le vrai motif de leur silence. On le trouverait, plus vraisemblablement, dans les principes politiques de l'Ode, les mêmes absolument que ceux de l'ouvrage qui précède.

Quoi qu'il en soit, ce qui importe fort peu, c'est cette conformité de doctrine qui engage l'auteur à la mettre ici.

LA SAINTE-ALLIANCE.

ODE.

Seul toujours tout-puissant, seul toujours équitable,
  Et sage dans ses lois,
Sur son trône éternel Dieu seul inébranlable
  Ne perd jamais ses droits.

L'homme, être passager, jouet de la fortune.
  Et des folles erreurs,
Voit se précipiter, d'une chute commune,
  Ses droits et ses grandeurs.

Par l'orage emporté, bientôt le Faible échoue :
  Son sort est d'obéir.
L'Insensé lutte en vain : le ciel le désavoue,
  Et le laisse périr.

Celui que Dieu choisit pour être son image.
  Au terrestre séjour,
En reçoit la sagesse et la force en partage,
  Et s'élève à son tour.

Des deux célestes dons l'invincible alliance
  Enchaîne le destin ;
Et jusque sur les cœurs, charmés de sa puissance,
  Son triomphe est certain.

Ainsi d'antiques droits dans l'oubli s'engloutissent
  Par elle renversés,
Comme aux rayons du jour soudain s'évanouissent
  Les astres éclipsés,

De son génie altier que d'illustres victimes !
  Que d'heureux favoris !
Que de sceptres brisés ! que de rois légitimes
  Assis sur leurs débris.

Mais quels mâles accens de ces vastes ruines
  Sortent de tous côtés ?
La Sagesse descend des demeures divines ;
  Rois, Peuples, écoutez :

« Peuple, céde au Destin ; la résistance est vaine
  » A sa suprême loi :
» Dispersé, désuni, la force souveraine
  » N'habite pas en toi.

» Obéis noblement, sans bassesse honteuse,
  » Sans caprices frondeurs ;
» Et par ta fermeté modeste et courageuse
  » Confonds les vils flatteurs.

» Mais garde-toi surtout d'orgueilleuses chimères ;
  » Reste soumis aux lois,
» Sois calme : ou crains de voir des tyrans sanguinaires
  » En place de tes rois.

» Et vous, à qui le ciel confia son tonnerre,
    » Riches de ses présens,
» Dieux mortels, comme lui montrez-vous à la terre
    » Justes et bienfaisans.

» De piéges entourés, aimez qu'on vous conseille;
    » Et, malgré les pervers,
» Que la vérité trouve, allant à votre oreille,
    » Tous les chemins ouverts.

» Craignez d'intimider le serviteur fidelle,
    » Libre et respectueux;
» Mais réprimez soudain du mutin, du rebelle,
    » Le ton séditieux.

» Contre un roi sans vigueur, pour hâter sa défaite,
    » Tout conspire à s'unir :
» Le crime a plus d'audace, et le zèle s'arrête
    » Tremblant pour l'avenir.

» N'allez pas toutefois, évitant la faiblesse,
    » Heurter un autre écueil.
» Fuyez tous les excès : soyez bons sans mollesse,
    » Et fermes sans orgueil.

» L'orgueil est d'un tyran l'odieux caractère.
    » Qu'il tremble : ses écarts
» Rassemblent contre lui du torrent populaire
    » Les élémens épars.

» Mortel, qui que tu sois, veux-tu dans ta carrière.
   » Marcher en sûreté ?
» Choisis Dieu pour ton guide, et suis de sa lumière
   » L'infaillible clarté. »

Non, ce n'est pas en vain, ô Sagesse éternelle,
   Qu'a retenti ta voix.
Trois Monarques puissans (1), émus d'un noble zèle,
   L'ont fait entendre aux rois.

» Ne lassons point le ciel par d'inutiles plaintes :
   » Nos bouleversemens
» Sont du coupable oubli de ses maximes saintes,
   » De justes châtimens.

» Ah ! plutôt, relevons leur salutaire empire ;
   » De nos bras réunis
» Jurons de les défendre : et la Discorde expire,
   » Et nos maux sont finis. »

Ils disent, et soudain sort de leur voix féconde,
   Ce qu'on ne vit jamais,
Une ligue de rois, pour assurer au monde
   La Justice et la paix.

---

(1) La Sainte-Alliance fut signée, à Paris, le 14 (26) sep-
tembre 1815, par LL. MM. l'Empereur d'Autriche, le Roi
de Prusse et l'Empereur de Russie. Depuis, presque toutes
les puissances de l'Europe y ont accédé.

www.ingramcontent.com/pod-product-compliance
Lightning Source LLC
Chambersburg PA
CBHW032323210326
41519CB00058B/5377